AF654717

আঘাতপ্ৰাপ্ত

প্ৰবচন

সম্পূৰ্ণ বিচাৰেৰে ভৰা মূল্যবান কৃতি

লেখক

সূৰ্য্য সিন্‌হা

(মানৱ প্ৰশিক্ষক আৰু প্ৰেৰক)

ডায়মণ্ড বুক্‌চ

সমাজ কল্যাণৰ হিতত তথা ব্যক্তিত্ব বিকাশ হেতু এইখন কিতাপক আপুনি যি কোনো উপহাৰ স্বৰূপে দিব পাৰে। উপহাৰ স্বৰূপে দিবৰ বাবে যি ব্যক্তিক এইখন কিতাপৰ আৱশ্যক হ'ব, তেওঁ এইখন কিতাপক কম মূল্যত 'প্ৰকাশক বা উইনাৰ্জ ট্ৰেক' ৰ গিফ্‌ট যোজনাৰ অন্তৰ্গত সম্পৰ্ক কৰি কিনিব পাৰে।

প্ৰিয়,

শ্ৰী/শ্ৰীমতী/কুমাৰী ____________________

____

____

স্নেহ

'আঘাতপ্ৰাপ্ত বিচাৰ' কিতাপ আমাৰ জীৱনৰ বাবে এক মূল্যৱান মুকুতাৰ মালা হয়, যি আমাৰ জীৱনক এক পথ দেখুৱাব। আপুনিও আপোনাৰ মিত্ৰ, শুভচিন্তক, আত্মীয়ক এই মূল্যৱান কিতাপ আঘাতপ্ৰাপ্ত বিচাৰৰ মালা 'আঘাতপ্ৰাপ্ত বিচাৰ' ক উপহাৰ স্বৰূপে দিয়ক।

I.S.B.N. : 978-81-288-3965-8

প্ৰকাশক	ঃ	ডায়মণ্ড বুক্‌চ (প্ৰা.) লিমিটেড X - 30, ওখলা ইণ্ডাস্ট্ৰিয়াল এৰিয়া, ফেজ - II নূতন দিল্লী - 110 020
ফোন	ঃ	011 - 40712100
ই-মেইল	ঃ	sales@dpb.in
ৱেবচাইট	ঃ	www.diamondbook.in
সংস্কৰণ	ঃ	2012
লেজাৰ টাইপচেটিং	ঃ	ল্যাঙ্গুয়েজট্ৰন
মুদ্ৰক	ঃ	আদৰ্শ প্ৰিন্টাৰ্স, চাহদৰা, দিল্লী - 32

AGHAT PRAPTO PRABACHAN (ASSAMESE) : SURYA SINHA

সমৰ্পণ

এইখন কিতাপক সমৰ্পিত কৰা হৈছে মাতা বৈষ্ণো দেৱীৰ চণৰত, যিয়ে মোৰ ওপৰত সদাই কৃপা কৰি আছে।

কিতাপৰ বিষয়ে

বন্ধুসকল, মই এইখন কিতাপত কিছুমান এনে আঘাতপ্ৰাপ্ত বিচাৰক লিখিবলৈ চেষ্টা কৰিছো, যি বিলাক আমাৰ জীৱনত এনেদৰে জড়িত হৈ আছে যাক আমি নাকচ কৰিব নোৱাৰো।

এইখন কিতাপ 'আঘাতপ্ৰাপ্ত বিচাৰ' এক কিতাপ মাত্ৰই নহয়, এইখন আমাৰ জীৱনৰ এক এনে সত্য হয়, যাক নিশ্চত ৰূপেৰে আপুনিও আপোনাৰ জীৱনত অনুভৱ কৰিছে। এইখন কিতাপ এনে আঘাতপ্ৰাপ্ত বিচাৰ ভৰি থকা কৃতি হয় যিয়ে আপোনাক আঘাতপ্ৰাপ্ত কৰিব, লজ্জিত কৰি, কঁপাই দিব আৰু আপোনাৰ বেলেগ ধৰণে ভাবিবলৈ বাধ্য কৰাই দিব।

এইখন সেই কিতাপৰ ভিতৰত এখন হয়, যিটোক আপুনি আপোনাৰ ঘৰ, অফিচ আৰু ব্যক্তি কোঠাটো থব পাৰে, যাতে তালৈ অহা প্ৰত্যেক ব্যক্তিয়ে এইখন কিতাপক পঢ়ি অলপ ভাল সংস্কাৰ গ্ৰহণ কৰিব পাৰে। এইখন কিতাপতক পঢ়া প্ৰত্যেক ব্যক্তিৰ মনত হেজাৰ হেজাৰ বিচাৰ আহিব, সম্ভৱতঃ সেই বিচাৰ বিলাক তেওঁলোকক আঘাত কৰি, কিন্তু সফলতাৰ পথো নিশ্চয় দেখুৱাব। ইয়াৰ পৰা প্ৰত্যেক ব্যক্তিক সৎ, সত্য, দায়িত্ব, পৰিশ্ৰম, বিশ্বাস আৰু বহুতো শিক্ষা শিকিব পাৰিব।

যদি আপোনাক এইখন কিতাপ (আঘাতপ্ৰাপ্ত বিচাৰ) আঘাত কৰাৰ পিছতো পছন্দ আহে তেতিয়া মোৰ দৃঢ় বিশ্বাস আছে যে আপুনি এইখন

কিতাপক নিজে বাৰে বাৰে পঢ়িব, লগতে ইয়াত লিখা বিচাৰক আপোনাৰ পৰিয়ালৰ সদস্য, মিত্ৰ, চুবুৰীয়া আৰু অফিচ কাৰ্য কৰা আপোনাৰ লগৰীয়াকো শুনাবলৈ, কবলৈ আৰু পঢ়িবলৈ প্ৰয়াস কৰিব। এইদৰে আপোনাৰ দ্বাৰা ব্যক্তিগত ৰূপেৰে কৰা প্ৰচাৰ, সমাজক নতুন দিশ দেখুওৱাত এক গুৰুত্ব ভূমিকা পালন কৰিব আৰু মানুহৰ মাজত চেতনা জাগিব। ইয়াৰ পৰা আপুনি আত্মসন্তুষ্টি পোৱাৰ লগতে এইখন কিতাপ আৰু আপোনাৰ সমাজ কল্যাণৰ ভাৱনাই আপোনাৰ জীৱনক সফল কৰাতো সহায়ক প্ৰমাণিত হ'ব।

বন্ধুসকল, আপোনাৰ সহযোগ, অংশীদাৰী আৰু সমৰ্থনৰ বাবে মই আপোনাক অশেষ ধন্যবাদ দিব বিচাৰো। এই শব্দৰ লগতে এতিয়া মই এইটো কওঁ যে-

যি সঠিক হয়, শ্ৰেষ্ঠ হয়, শুদ্ধ হয়,
নিশ্চয় জলা হয়, তিতা হয়, আঘাত কৰে,
তৎক্ষণাত সেইটোক স্বীকাৰ কৰিব লাগে।

–সূৰ্য্য সিন্‌হা

বিচাৰ কেতিয়া আৰু কেনেদৰে হয় ?

যেতিয়া আমি কোনো ঘটনাক ঘটি থকা দেখো বা শুনো, তেতিয়া আমাৰ মন-মস্তিষ্কত অলপ নতুন তথা তাৰ লগত মিলা বিচাৰ আহে। সেই বিচাৰৰ ওপৰত আমি যিমান গভীৰ আৰু যিমান দৃষ্টিকোণেৰে চিন্তন-মনন কৰো, সেইটো সিমানেই ভিন্ন ৰূপত আমাৰ মন-মস্তিষ্কলৈ আহিব ধৰে। এতিয়া আমি সেই বিচাৰক কেনেদৰে আমাৰ জীৱনত প্ৰয়োগ কৰো অথবা কেনেদৰে ব্যক্ত কৰো, এইটো আমাৰ ওপৰত নিৰ্ভৰ কৰে। এনে নহয় যে সকলো ঠাই বা প্ৰত্যেক স্হিতিত আমাৰ বিচাৰ ভিন্ন হয়। এনে বহুতো পৰিস্হিতি আহে, যেতিয়া আমাৰ বিচাৰ একমত হৈ যায়। কাৰণ মানৱ-মস্তিষ্কই এইটো বিচাৰ, তুলনা তথা নিৰ্ণয় কৰাৰ ক্ষমতা ৰাখে যে কি শুদ্ধ হয় আৰু কি ভুল হয়।

হয়, ইয়াত আমি এইটো নিশ্চয় কব পাৰো যে আমাৰ চেতন মস্তিষ্কই কেৱল সেই ঘটনা আৰু বিষয়ৰ ওপৰত নিজৰ বিচাৰ আৰু ভাৱনা-চিন্তনক প্ৰকট কৰিব পাৰে, যিটো তেওঁৰ জীৱনত ঘটিত হৈছে বা যি ঘটনা বা বিষয়ক তেওঁ দেখিছে, শুনিছে আৰু অনুভৱ কৰিছে।

এইখন কিতাপ (আঘাতপ্ৰাপ্ত বিচাৰ) তো এনে বহুত বিচাৰ আছে, যাৰ ওপৰত আপোনাৰ আৰু মোৰ বিচাৰ একমত হয়। য'ত আপোনাক এনে লাগিব যে এইটো বিচাৰ আপোনাৰ নিজৰ হয়।

সম্ভৱত, বহুতো এনে বিচাৰ থাকিব পাৰে, যাৰ ওপৰত মোৰ বিচাৰ আপোনাৰ লগত নিমিলে। যদি আপুনি চেষ্টা কৰাৰ ফলতো আপোনাৰ বিচাৰ নিমিলে, তেতিয়াহ'লে মই আপোনাক এটা অনুৰোধ কৰো যে যি বিচাৰৰ ওপৰত আপোনাৰ আৰু মোৰ বিচাৰ একমত হ'ব পৰা নাই, সেই বিচাৰক আপুনি আৰু অধিক গভীৰতাৰে নীৰিক্ষণ কৰক। বাস্তৱত

ইয়াতেই আপোনাক মোৰ বিচাৰে আৰু অধিক আঘাতপ্ৰাপ্ত কৰিব, ইয়াতেই আপুনি নিজকে শুধৰোৱাৰ আৱশ্যক হয়। ইয়াত ধ্যান দিব লগীয়া কথা এইটো হয় যে যদি আমাৰ বিচাৰ একমত নহয় তেতিয়াহ'লে দোষ আমাৰ মস্তিষ্ক বা বিচাৰৰ হয়। ইয়াৰ মুখ্য কাৰণ হ'ল আমাৰ চোৱা আৰু শুনাৰ নিজৰ নিজৰ দৃষ্টিকোণ আছে। আমি যি দৃষ্টিকোণেৰে চাওঁ, সেই মতে আমাৰ বিচাৰক ব্যক্ত কৰো। যদি কৰবাত মোৰ বিচাৰ আপোনাৰ বিচাৰৰ লগত নিমিলে, তেতিয়াহ'লে অলপ আপোনাৰ দৃষ্টিকোণক সলনি কৰি মোৰ দৃষ্টিকোণেৰে বিচাৰ কৰিবলৈ চেষ্টা কৰক, তেতিয়া আপুনি পাব যে আপোনাৰ আৰু মোৰ বিচাৰ একমত হৈ গৈছে। তেতিয়া বোধহয় আপোনাকো এনে প্ৰতীত হ'ব ধৰিব যে এইটো বিচাৰ আপোনাৰ নিজৰ হয়। যদি এনে লাগে, তেতিয়াহ'লে এই বিচাৰক আপোনাৰ জীৱনত প্ৰয়োগ কৰাত কোনো সমস্যাৰ সন্মুখীন নহ'ব।

কোৱা-নোকোৱা মনৰ সেই কথা, যিটো মই নিজৰ কৰিব নোৱাৰিলো

জীৱনত আমি যি আঘাত পাইছো, যি কষ্ট পাইছো, ঠগ-বাজী পাইছো, দুখ পাইছো, সেই সকলো আমাৰ নিজৰ মানুহেই দিয়ে। আমাৰ নিজৰ মানুহেই সদাই পিছ ফালৰ পৰা আঘাত কৰে। শত্ৰুৱে কেতিয়াও পিছ ফালৰ পৰা আক্ৰমণ নকৰে, কাৰণ সদাই তেওঁ যুজিবৰ বাবে সন্মুখলৈ আহে, কিন্তু মিত্ৰ পিঠিৰ পিছফালে থাকে, সাহস বঢ়াবলৈ আৰু সহায় কৰিবৰ বাবে নহয়। আমাৰ বিশ্বাস হয় যে তাৰ ওপৰত আৰু সেই মিত্ৰই সুযোগ আহিলে নিজৰ স্বাৰ্থৰ কাৰণে, নিজৰ উচ্চাকাংক্ষীক পূৰ্ণ কৰিবৰ বাবে, বিশ্বাসঘাত কৰাত অলপ সময়ো নষ্ট নকৰে। তেওঁ পাহৰি যায় সকলো সহায়, সকলো কথা পাহৰি যায়। সেইকাৰণে সেই নিজৰ মানুহৰ পৰা সদাই সাৱধান হৈ

থকাটো বহুত আৱশ্যক। যাৰ ওচৰত এনে নিজৰ মানুহ আছে, তেওঁলোকক শত্ৰুৰো আৱশ্যক নহয়। এনে নিজৰ মানুহৰ পৰা বাচক, কাৰণ তেওঁলোকৰ দ্বাৰা পেলোৱা ফুলো ডাঙৰ আঘাত দিয়ে। এনে আঘাতক, এনে ঘাক মনত লাগিব নিদিব, ইয়াক এক শিক্ষাৰ ৰূপত লওক। পুৰনা কথা দিয়াক মনত পেলাই নিৰাশ নহ'ব। নিজৰ লক্ষ্যৰ পৰা বিমুখ নহ'ব। সেইটো অৱস্হালৈ লকে গৈ নাপাব যে তেওঁলোকে এনেদৰে কব নালাগে যে তেওঁ আমাৰ কাৰণে আজি এইটো অৱস্হাত আছে, তেওঁক আমি সহায় কৰিছিলো। এনে আঘাতৰ পৰা শিক্ষা লৈ ল, কষ্টৰ তিতা-কেহা ৰস সেৱন কৰি, তুমি শক্তিশালী হ'ব লাগে। আগতকৈ অধিক তীব্ৰতাৰে, অধিক উৎসাহেৰে, অধিক বুজা-পৰাৰে নিজৰ লক্ষ্যৰ ফালে আগবাঢ়িব লাগে আৰু সেই নিজৰ মানুহক দেখুৱাব লাগে যে মই তোমালোকৰ সহায়ত কালি

নাছিলো আৰু আজিও নহী। এনে আঘাতে মোৰ শক্তিশালী লক্ষ্যক বিচলিত কৰিব নোৱাৰে। মই জীৱনৰ যাত্ৰাত আছো আৰু আমি সকলোৱে জীৱনৰূপী এইটো ৰেলৰ যাত্ৰী হয়। এইটো যাত্ৰাত মই বিভিক্ষু ধৰণৰ যাত্ৰীক লগ পাইছো আৰু আগলৈ পাই থাকিম। যেতিয়া যাৰ স্টেচন আহিব তেওঁলোক নামি যাব, কিন্তু মই মোৰ গন্তব্য স্হানলৈ গৈ পাইহে এৰিম। কোনো যাত্ৰীয়ে নিজৰ দেখুৱাই, মিছা ভাৱনা দেখুৱাই, মোৰ লগত বিশ্বাসঘাত কৰি মোক গন্তব্য স্হানলৈ গৈ পোৱাত ৰখাব নোৱাৰে।

বন্ধুসকল! এনে নিজৰ মানুহক নিজৰ দৃঢ়তাৰে, নিজৰ বুজা-পৰাৰে চকু তল কৰোৱাৰ পৰিৱৰ্তে ইয়াক নিজকে নিৰাশাৰ পৰা আতৰাই উজ্জ্বলতাৰ ফালে আগবাঢ়িব লাগে। এইটোৱেই জীৱন হয়। এইটোৱেই সত্য হয়। মনত ৰাখিব

যে সোন যিমান তপিব, সিমানেই জিলিকিব। নিজকে সোন বুলি ভবাত কেতিয়াও সন্দেহ নকৰিব।
তপ তপ কৰি জিলিকি উঠক আপুনি,
সোন আপোনাৰ নাম হয়,
তপি থাকক, তপি থাকক, তপি থকাই আপোনাৰ কাম হয়,
আঘাত, কষ্ট, ঠগ-বাজি কৰি, লাখ লাখ বাধা দিব পাৰে, কিন্তু আপুনি নিশ্চয় জানে যে আপোনাৰ কাম কি হয় আৰু আপোনাৰ লক্ষ্য কি হয় ?

৩০৬ ● ৫৩

প্ৰাৰ্থনা

মই পৰমপিতা পৰমাত্মাক প্ৰাৰ্থনা কৰিছো যে মই মোৰ জীৱনৰ প্ৰত্যেক ক্ষণক আনৰ লগত প্ৰেমভাৱেৰে কটাব বিচাৰো। মই ভাল আৰু বেয়াৰ অন্তৰক বুজি মোৰ জীৱনৰ প্ৰত্যেক ক্ষণত কেৱল আৰু কেৱল ভাল উদাহৰণ দি যাব বিচাৰো, সেইকাৰণে-

হে মোৰ পৰমপিতা পৰমেশ্বৰ, মোক ইমান শক্তি দিয়ক যে মই মানুহৰ সন্মুখত হাত মেলিব নালাগে।

হে পৰমপিতা পৰমেশ্বৰ, মোক ইমান শক্তি দিয়ক যে মই মোৰ হাতেৰে মানুহক কিছু দিব পাৰো।

হে পৰমপিতা পৰমেশ্বৰ, মোক ইমান শক্তি দিয়ক যে মোৰ হাত অসহায়ৰ বাবে সহায়ক হওক।

হে পৰমপিতা পৰমেশ্বৰ, মোক ইমান শক্তি দিয়ক যে মোৰ ভৰি বিকলাংগৰ ভৰি হৈ কামত আহে।

হে পৰমপিতা পৰমেশ্বৰ, মোক ইমান

শক্তি দিয়া যে মোৰ চকুৰে অন্ধ মানুহক ৰাস্তা দেখুৱাব পাৰে।

হে পৰমপিতা পৰমেশ্বৰ, মোক ইমান শক্তি দিয়ক যে মোৰ মুখে দুঃখী আৰু অশ্ৰু বাগৰা লোকক সান্তনা দিব পাৰে।

হে পৰমপিতা পৰমেশ্বৰ, মোক ইমান শক্তি দিয়ক যে মোৰ মুখে নিৰাশ আৰু অসফল লোকক উল্লাসেৰে ভৰাই দিব পাৰে আৰু সফলতাৰ বাবে প্ৰেৰিত কৰিব পাৰে।

হে পৰমপিতা পৰমেশ্বৰ, মোক ইমান শক্তি দিয়ক যে দুখীয়া আৰু ৰোগীৰ সেৱাত নিজকে সমৰ্পিত কৰিব পাৰো।

হে পৰমপিতা পৰমেশ্বৰ, মোক ইমান শক্তি দিয়ক যে মোৰ ঘৰলৈ যদি কোনোবা আহে, তেতিয়াহ'লে ভোক-পিয়াসত ঘূৰি নাযায়।

হে পৰমপিতা পৰমেশ্বৰ, মোক ইমান শক্তি দিয়ক যে মই ইমান সক্ষম হ'ব পাৰো যে দেশৰ কামত আহিব পাৰো।

এই সুক্তিবিলাক মনত ৰাখক-

✓ কোনো প্ৰেৰকে কাকোৱে প্ৰেৰিত কৰিব নোৱাৰে।

✓ কোনো মানুহে কাৰোবাৰ জীৱনত পৰিৱৰ্তন কৰিব নোৱাৰে।

✓ কোনো কিতাপে কাকোৱে সফলতা দিয়াব নোৱাৰে।

✓ কাৰোৰে জীৱনী আনক ৰাস্তা দেখুৱাব নোৱাৰে।

✓ কাৰোবৰ পৰামৰ্শই আনৰ ভুল অভ্যাসক শুধৰাব নোৱাৰে।

মোৰ কোৱাৰ অৰ্থ এইটো হয় যে যদি কোনো ব্যক্তিয়ে নিজকে পৰিৱৰ্তন কৰিবই নিবিচাৰে, তেতিয়াহ'লে সংসাৰৰ কোনো শক্তিয়ে তাক সলনি কৰিব নোৱাৰে।

মনুষ্য হওক বা কিতাপ, জীৱনী, পৰামৰ্শ, সেইবিলাকৰ পৰা কেৱল এটাই পথ দেখুৱাই দিয়ে, সেই পথত গৈ ব্যক্তিক নিজৰ জীৱন নিজেই সজাব লাগে।

সমাজক শুধৰোৱা আৰু আনক সলনি কৰাৰ পূৰ্বে আমি যি বস্তুক সলনি কৰাৰ প্ৰয়োজন, সেইটো আমি নিজেই হয়। যেতিয়া আমি এইটো জানি লওঁ যে, নিজকে সলনি কৰাটো বহুত কঠিন কাম হয়, তেতিয়া আমি এইটোও জানি যাওঁ যে আনক সলনি কৰাটো বহুত প্ৰত্যাহ্বাজনিত হয়। কঠোৰ প্ৰয়াস কৰি প্ৰথমে নিজকে সলনি কৰক, তাৰ পিছত আনক সলনি কৰাৰ প্ৰত্যাহ্বানক স্বীকাৰ কৰক।

মই এনে অসংখ্য সফল লোকৰ উদাহৰণ দিব পাৰো, যি প্ৰথমে নিজৰ জীৱনত পৰাজয় হৈছিল, যাক মানুহে পৰাজয় হোৱা বুলি ঘোষিত কৰি দিছিল, মানুহে তেওঁলোকক লৈ হাঁহিৰ পাত্ৰ কৰিছিল আৰু যাৰ লগ দিবলৈ মানা কৰিছিল। কিন্তু আত্মবিশ্বাসেৰে ভৰা, সেই লোক সকল নিৰাশ হোৱা নাছিল, কাৰণ তেওঁলোকক বিশ্বাস আছিল যে তেওঁ এদিন-নহয়-এদিন নিশ্চয় সফল হ'ব। এইটোৱেই কাৰণ আছিল যি বুজা-পৰাৰ লগত তেতিয়ালৈকে নিৰন্তৰে চেষ্টা কৰি থাকে, যেতিয়ালৈকে তেওঁলোক সফল হৈ নাযায়। সেই সকলো লোক যি তেওঁলোকক লৈ হাঁহিত অপমানিত কৰিছিল, তেওঁলোকৰ সফলতা দেখি তেওঁলোকক লগ কৰিবলৈ উৎসাহিত হৈ যায় আৰু তেওঁলোকৰ জয় গুণ-গান গাবলৈ ধৰে।

কেৱল কঠোৰ পৰিশ্ৰম কৰি জীৱনক সাৰ্থক কৰিব নোৱাৰে। কাৰণ, কঠোৰ পৰিশ্ৰম গাধও কৰে, কিন্তু দানাৰ বাদে তাক একো প্ৰাপ্ত নহয়। সি বোজা কঢ়িয়াই জীয়াই থাকে আৰু এদিন বোজা লৈ মৰি যায়। যদি আপুনি আপোনাৰ জীৱন আৰু কাৰ্যক সাৰ্থক কৰিব বিচাৰে, তেতিয়াহ'লে বুজা-পৰাৰ লগত পৰিশ্ৰম কৰক। তেতিয়া আপুনি সফলতা পাব পাৰে আৰু আপোনাৰ জীৱনক সাৰ্থক কৰিব পাৰে।

যদি আপুনি বহুতো সফলতা পাইছে, তেতিয়াও অহংকাৰ নকৰিব। আপোনাৰ সফলতাৰ প্ৰৱাহ শেষ হোৱা নাই, এতিয়া আপোনাক আৰু সফলতা পাব লাগে। যদি আপুনি এইয়ো ভাবিব ধৰিব যে যি স্হানত আপুনি গৈ পাইছে, তাত কোনো অন্য মানুহে গৈ পাব নোৱাৰে, তেতিয়াহ'লে এইটো আপোনাৰ ভুল হয়। লগতে ইয়াৰ এইটো অৰ্থ হয় যে আপুনি আৰু সফলতা নিবিচাৰে। বন্ধুসকল, সফলতাৰ অৰ্থ এইটো নহয় যে এটা সফলতা পোৱাৰ পিছত তাত বহি যাওক। সফলতাৰ অৰ্থ এইটো সহয় যে এটা সফলতা পোৱাৰ পিছত আনটো ডাঙৰ সফলতাৰ বাবে প্ৰয়াস কৰিব লাগে। এইটো নিৰন্তৰে চলি থকা প্ৰক্ৰিয়া হয়। ঠিক সেইদৰে, যেনেদৰে পানী ৰখি গ'লে লেতেৰো হৈ যায়, জীৱন ৰখি গ'লে ধোৱা-খোৱা হৈ যায়। তেনেদৰেই সফলতা ৰখি গ'লে, সেইটো অতীত হৈ যায়।

মই সেই লোক সকলক লগ কৰিবলৈ একেবাৰে ভাল নাপাওঁ, যি লোকে মোক লগ কৰিবলৈ ভাল নাপাই, কাৰণ মই মোৰ পছন্দতকৈ অধিক তেওঁলোকৰ পছন্দক ভাল পাওঁ।

আপুনি এনেকুৱা কৰি চাওক। নিশ্চিত ৰূপে আপুনি আপোনাৰ পছন্দৰ মানুহৰ প্ৰথম পছন্দ হৈ যাব।

মা-দেউতা হোৱাৰ অনুসাৰে নিজৰ সন্তানৰ প্ৰতি আমাৰ কৰ্তব্য হয় যে আমি আমাৰ সন্তানক ইমান পঢ়োৱা-লিখোৱা আৰু এনে ভাল সংস্কাৰ শিকাব লাগে যে, যেতিয়াই তেওঁলোক ডাঙৰ হয়, তেতিয়া নিজৰ সদ্‌গুণেৰে নিজকে শুসুভিত কৰি তুলক আৰু আনকো শুসুভিত কৰি দিয়ক।

তেওঁলোকক কেৱল সভ্যতা, সংস্কৃতি আৰু ভাল সংস্কাৰ দেখুৱাই আমি গৌৰৱ অনুভৱ নকৰো, বৰং আমাৰ সকলো আত্মীয়, চুবুৰীয়া, আৰু সমাজৰ অন্য লোকেও গৌৰৱ কৰি কব পাৰে-

চোৱা, সেইটো অমুকাৰ সন্তান গৈ আছে। আমিও যদি আমাৰ সন্তানক তেওঁৰ দৰে গুণ আৰু সংস্কাৰ দিব পৰাহেঁতেন।

সন্তানৰ মাজত কাজিয়াত ডাঙৰ আৰু বোৱাৰী-শশুৰৰ কাজিয়াত দেউতাক-পুতেকক কেতিয়াও পৰিব নালাগে। এনে হ'ব পাৰে শশুৰ আৰু বোৱাৰীৰৰ মাজত কেতিয়াবা অলপ মতভেদ হ'ব পাৰে, যিটো প্ৰায়ে ভাৰতীয় পৰিয়ালত হৈ থাকে।, যাৰ অভিযোগ বোৱাৰীয়ে গধূলি ঘৰলৈ ঘূৰি অহা পতিক দিয়ে। পতিৰ কাণত তেওঁৰ সকলো কথা কৈ দিয়ে আৰু এইটো স্হিতি অত্যাধিক বিকট আৰু দুখদায়ী হয়।

এনে স্হিতিত পতিক লাগে যে তেওঁ পত্নীৰ এইটো অভিযোগৰ ওপৰত ধ্যান দিব নালাগে আৰু পত্নীৰ কথা শুনি পৰিয়ালত তেওঁৰ পক্ষত থিয় হ'ব নালাগে। বুজা-পৰা পত্নীকো এনে বিষাক্ত কম কৰিব নালাগে।

ভাগৰে-যুগৰে ঘৰলৈ আহি যদি কোনো ব্যক্তিয়ে সদাই আনৰ অভিযোগকক বাৰে-বাৰে শুনে, তেতিয়াহ'লে তেওঁ সেই

কথাবিলাকৰ পৰা অলপ হ'লেও খেলিমেলি হৈ ক্ৰোধিত হ'ব, তাৰ পিছত এইটো ক্ৰোধৰ কাৰণে তেওঁ কোনো কঠোৰ নিৰ্ণয়ো লয়, যৰ পৰা তেওঁৰ পৰিয়াল ভাঙি যোৱাৰ সম্ভাৱনা থাকে। পৰিয়াল ভাঙে, তেতিয়া হৃদয় ভাঙে। হৃদয় ভাঙি যোৱাৰ মাত নুলাই কিন্তু হৃদয় ভাঙিলে সকলো খেলিমেলি হৈ যায়।

কৃপা কৰি ধ্যান ৰাখক যে, আপোনাৰ পত্নীক এনে কোনো কাম কৰাৰ ৰখাব লাগে যাতে পৰিয়াল ভাঙি যোৱাৰ কাৰণ উৎপন্ন হৈ নাযায়।

আপুনি যিমান অভ্যাস কৰিব, সিমানেই আপুনি আপোনাৰ কাৰ্যত সক্ষম আৰু প্ৰতিভাশালী হৈ যাব। যেনেৰ কোনো কঠোৰ শিল হাতুৰিৰে এশ বাৰ মৰাৰ কাৰণে ভাঙিছে, তেতিয়াহ'লে ইয়াৰ অৰ্থ এইটো কেতিয়াও নহয় যে সেইটো শিক এশ বাৰতেই ভাঙিছে। সেই শিলত হাতুৰিয়ে প্ৰভাৱ প্ৰথম বাৰৰ পৰাই আৰম্ভ কৰি দিছিল। আপুনিও আপোনাৰ লক্ষ্য পাবৰ বাবে নিৰন্তৰে কঠোৰ প্ৰয়াস কৰি থাকিব লাগে, কাৰণ প্ৰথম বাৰে কৰা প্ৰয়াসেৰে আপোনাৰ সফলতাৰ আৰম্ভ হৈ গৈছে।

পুণ্যৰে প্ৰাপ্ত কৰা বস্তু আৰু পছন্দেৰে প্ৰাপ্ত কৰা বস্তু দুয়োৰে মাজত পাৰ্থক্য থাকে।

পছন্দ কৰি আমি আমাৰ পছন্দৰ পত্নীক পাব পাৰো, কিন্তু মাক পাব নোৱাৰো। মাক কেৱল পুণ্য কৰিহে পাব পাৰি।

ম নোহোৱাহেঁতেন, আমি নহ'লোহেঁতেন, এইখন সংসাৰ নহ'লহেঁতেন। সেইকাৰণে সংসাৰৰ প্ৰত্যেক সভ্যতা, সামাজিক ব্যৱস্হা, নৈতিক শিক্ষা আৰু ধাৰ্মিক গ্ৰন্থত মাক বিশিষ্ট স্হান দিয়া গৈছে।

হিন্দু ধৰ্মৰ মতে মাতকৈ ডাঙৰ কোনো নহয়, মুছলিম ধৰ্মৰ মতে মাৰ ভৰিৰ তলত স্বৰ্গ আছে, যি ব্যক্তিয়ে নিজৰ মাকৰ নহয়, তেওঁ সংসাৰত কাৰোৰে হ'ব নোৱাৰে। এনে ব্যক্তি আৰু পশুত কোনো ভেদ নাথাকে।

আজি আমি সমাজৰ চাৰিওফালে চাওঁ, তেতিয়া পাওঁ যে স্বাৰ্থৰ কথা উল্লেখনীয় হয়। স্বাৰ্থ সিদ্ধিৰ বাবে লুট, মাৰি-পিট, পাপ আৰু অত্যাচাৰ দিনক-দিনে বাঢ়িছে। মনুষ্যই এইটো কথাক পাহৰি গৈছে যে কালিলৈ তেওঁকো মৰি যাব লাগে। তাৰ পিছত ঈশ্বৰে তেওঁৰ পৰা তেওঁৰ কৰ্মৰ হিচাপ লব।

মোৰ মতে এই অসামাজিক আৰু অমানৱীয় প্ৰবৃতিক ৰখোৱাৰ এইটোৱেই উপায় হয় যে আমি চাৰিওফালে মৰাশালী আৰু কবৰস্থান নিৰ্মাণ কৰিব লাগে। যৰ পৰা যদি কোনো ব্যক্তি পাৰ হৈ যায় তেতিয়া তাত জ্বলি থকা মৰাশ আৰু পুতি দিয়া মানুহক দেখি তেওঁৰ আত্মা কঁপি উঠিব আৰু মৃত্যুৰ ভয় সন্মুখলৈ আহিব। তেওঁ ভাবিবলৈ বিৱশ হৈ যাব যে তেওঁ সংসাৰত একো লৈ অহা নাছিল, একো লৈ নাযাব,

তেতিয়াহ'লে নিজৰ স্বাৰ্থৰ বাবে অমানৱীয় কাৰ্য কৰিলে কি লাভ!

যদি এনেকুৱা হৈ যায় তেতিয়াহ'লে সংসাৰত বাঢ়ি গৈ থকা স্বাৰ্থপৰক লুট, মাৰ-পিট, অত্যাচাৰ আদিৰ দৰে পাপো বোধহয় শেষ হৈ যাব।

মনত ৰাখিব, য'ত স্বাৰ্থ থাকে, তাত মোহ, মায়া, ক্ৰোধ আৰু হিংসা আদিৰ দৰে পাপ ভৰি পৰে। নিজৰ লগতে আনৰ প্ৰতি যোগাত্মক বিচাৰ ৰাখক আৰু পৰোপকাৰী হওক। যি দিনা আপুনি আপোনাৰ স্বাৰ্থৰ পৰা ওপৰলৈ উঠি কাৰ্য কৰিব ধৰিব, সেই দিনৰ পৰা আপোনাৰ 'মানৱ' হোৱাৰ আৰম্ভণিও হৈ যাব।

যদি আপুনি সমাজত প্ৰতিষ্ঠা আৰু সন্মান পাব বিচাৰে, তেতিয়াহ'লে আপোনাৰ-

মগজুক ঠাণ্ডা,

জেপক গৰম,

চকুত লাজ

মুখত নৰম,

হৃদয়ত সহানুভূতি,

দুখৰ ওপৰত কৰ্ম,

আৰু নিজৰ ব্যৱহাৰক ভাল কৰিব লাগিব।

যদি আপুনি এনে কৰি লয়, তেতিয়াহ'লে চাব যে এইখন সংসাৰত আপোনাক স্বৰ্গৰ আভাস হ'ব ধৰিব।

ক্ৰোধ কৰাটো ইমান বেয়া নহয়, যিমান বেয়া ক্ৰোধৰ পিছত শত্ৰুতা কৰাটো হয়। লাগিলে আপুনি আনৰ লগত কাজিয়া, মাৰ-পিট কৰি লয়, কিন্তু কেতিয়াও মাত-বোল বন্ধ নকৰিব, কাৰণ-

মাত-বোল বন্ধ হ'লে পৰস্পৰৰ মাজত সকলো ৰাস্তা আৰু দোৱাৰ বন্ধ হৈ যায়। কাজিয়া, মাৰ-পিট আৰু ক্ৰোধ শিশুৱেও কৰে, কিন্তু তেওঁলোকে কেতিয়াও শত্ৰুতা বজাই নাৰাখে। তেওঁলোকে এটা ক্ষণত কাজিয়া কৰাৰ পিছত আনটো ক্ষণত এক হৈ যায়।

কাজিয়া কৰক, কিন্তু মনত ৰাখিব, যাৰ লগত কাজিয়া কৰে, খংত তেওঁক এনে কথা কৈ নিদিব, যাতে কালিলৈ আকৌ মিত্ৰতা হ'ল, আপুনি লজ্জিত হৈ পৰিব।

যিদৰে মনুষ্যই শিকিবৰ বাবে সংসাৰত বহুত আছে, সেইদৰে মনুষ্যৰ জীৱনত পাহৰিবৰ বাবেও বহুত আছে।

বাস্তৱত যদি আপুনি কিছু পাহৰিব বিচাৰে, তেতিয়া মই কম যে আপুনি দুটা কথা একেবাৰে পাহৰি যাওকঃ-

প্ৰথম কথা এইটো হয় যে-

যদি আপুনি অজানিতে হ'লেও বা জানি-বুজি, পৰোক্ষ বা প্ৰত্যক্ষ ৰূপেৰে কাৰোবাক কেতিয়াবা সহায় কৰিছে, তেতিয়াহ'লে সেইটোক এতিয়া পাহৰি যাওক।

দ্বিতীয় কথা হ'ল-

যদি কেতিয়াবা কোনোবাই আপোনাৰ লগত কোনো বেয়া ব্যৱহাৰ কৰিছে, তেতিয়াহ'লে সেইটো কথাক এতিয়া পাহৰি যাওক।

সহায় কৰি মনত ৰখাৰ ফলত অহংকাৰ বাঢ়ে, আৰু আনৰ দুৰ্ব্যৱহাৰ মনত ৰাখিলে, কোনোবা ৰূপত হ'লেও প্ৰতিশোধ, প্ৰতিঘাত অথবা প্ৰতিহিংসাৰ ভাৱনা জাগি উঠে।

এই দুটা কথাই ব্যক্তিগত ৰূপেৰে বেলেগ ধৰণে সমূহ মানৱ-জাতি তথা সমাজৰ বাবে হানিকাৰক হয়।

মানৱ-জাতি আৰু সমাজৰ হানি কৰি আপুনি কেতিয়া লাভান্বিত হ'ব নোৱাৰিব।

সংসাৰত প্ৰেমেতকৈ ডাঙৰ কোনো স্বৰ্গ নাই আৰু ঘৃণা আৰু হিংসাত কোনো ডাঙৰ নৰক নাই।

যি ব্যক্তিৰ পৰিয়ালত পৰস্পৰ প্ৰেম আৰু সমৰ্পণ ভাৱনা আছে, তেতিয়াহ'লে বুজি পাওক যে তেওঁৰ জীৱন স্বৰ্গ হয় আৰু যাৰ ঘৰত সংসাৰৰ প্ৰত্যেক সুখ-সুবিধা আছে, কিন্তু পৰস্পৰ প্ৰেম আৰু সমৰ্পণ ভাৱনা নাথাকে, তেতিয়াহ'লে সেই ঘৰ, ঘৰ নহয় এক মৰাশালীৰ দৰে হয়।

যি দৰে মৰাশালীত অনেক মৰাশ থাকে, কিন্তু তেওঁলোকে পৰস্পৰক লগ নকৰে, কথা নাপাতে আৰু প্ৰেম ভাৱো নাৰাখে।

ঠিক সেইদৰে যাৰ ঘৰত পতি-পত্নী, বোৱাৰী-শশুৰ, দেউতাক-পুতেক আৰু ভাই-ভনী লগত থাকে, কিন্তু তেওঁলোকৰ পৰস্পৰৰ মাজত প্ৰেম ভাৱ, হাঁহি আদি নাথাকে, তেতিয়াহ'লে সেই ঘৰ মৰাশালীৰ দৰে

নহয়নে ?

চাওক, আপুনি এনে কোনো মৰাশালীত নাইতো ?

যদি হয়, তেতিয়াহ'লে, চাওক, সেইটো কি কাৰণ হয়, যিয়ে আপোনাক আৰু আপোনাৰ পাৰিবাৰিক সদস্যক মৰাশ আৰু ঘৰক মৰাশালী কৰি দিছে।

মৰাশালীৰ পৰা বাহিৰলৈ আহি জীয়াই থাকিব লাগে, তেতিয়াহ'লে নিজক প্ৰেমেৰে ভৰি পেলোৱাৰ কাৰ্য কৰক। প্ৰেমেৰে আনক নিজৰ কৰক আৰু নিজেও তেওঁলোকৰ হৈ যাওক।

প্ৰেম যাদুৰ সেইটো লাঠি হয় যিটো ক্ষণভৰত 'মৰাশ' ৰ ভিতৰত আত্মা সোমোৱাই দিয়ে।

৯০৬ ● ৫৩

বৃদ্ধ, মা-দেউতা, ভাই-ভনীয়ে যদি আমাক অলপ বেয়া কয়, তেতিয়াহ'লে আমাৰ ভালৰ কাৰণেই কয়।

সেইকাৰণে কেতিয়াও বৃদ্ধ, মা-দেউতা, ভাই-ভনীয়ে আমাক খং কৰে তেতিয়া আমি তেওঁলোকৰ কথাক বেয়া পাব নালাগে।

আমাৰ মুক্ত স্বাধীনতা, অভদ্ৰ ব্যৱহাৰ, অসামাজিক চাল-চলন বা অনৈতিক কাৰ্যৰ ওপৰত যদি আমাৰ ডাঙৰে বাধা দিয়ে তেতিয়াহ'লে তেওঁলোকৰ সেই প্ৰয়াসত আমি অসন্তুষ্ট হোৱাৰ পৰিৱৰ্তে আমি এইটো ভাবিব লাগে যে আমাৰ ভুলৰ বাবে আমাৰ শুভচিন্তকে আমাক সচেতন নকৰিলে কোনে কৰিব।

বৃদ্ধ আমাৰ সকলোতকৈ ডাঙৰ শিক্ষক আৰু শিক্ষালয় হয়, কাৰণ তেওঁলোকক চাইয়েই সূৰ্যৰ উদয় হোৱা আৰু মাৰ যোৱাৰ কাহিনীৰ জ্ঞান হয়। ইয়াৰ বাবে কোনো বিদ্ধানে ঠিকেই কৈছে যে-

ডাঙৰৰ সংগতি কৰক, কাৰণ ডাঙৰৰ চেহেৰাৰ এক-এক চিহ্নই তেওঁলোকৰ জীৱনৰ হেজাৰ হেজাৰ অভিজ্ঞতাক কয়। তেওঁ দুৰ্বল হোৱা ভৰি, কঁপা হাত, সেমেকি যোৱা চেহেৰা, হিলি যোৱা ডিঙিৰ পৰা শিকিব পাৰিব যে যি আপুনি কৰিব বিচাৰে, সেই সকলো আজি, এতিয়া আৰু এই সময়ত কৰি লওক, অন্যথা সময় বালিৰ দৰে মুঠিৰ পৰা পিচলি যাব। কালিলৈ কাম আজি কৰক, আজিৰ কাম এতিয়া কৰক।

আজিৰ কাম কালিলৈৰ বাবে কেতিয়াও নথব, কাৰণ কালিলৈ কেতিয়াও নাহে। আহিলেও সেইটো হতাশা, নিৰাশা আৰু অনুতাপেৰে ভৰি থাকে।

মই মোৰ ব্যক্তিগত অভিজ্ঞতাৰে শিকিছো যে আমাক অন্য লোকে সিমান নঠগে, যিমান আমি নিজকে ঠগো। আমাৰ সফলতাৰ বাবে অন্য লোক সিমান দায়ি নহয়, যিমান আমি নিজে হয়।

অসফলতাক সফলাতলৈ পৰিৱৰ্তন কৰিব লাগিলে, সকলোতকৈ প্ৰথমে নিজকে পাৰদৰ্শী, লগনশীল আৰু নিষ্ঠাবান কৰক। মনত ভাৱি থাকিলে একো নহ'ব। মাত্ৰ কল্পনাৰ সংসাৰৰ পৰা ওলাই আহি বাস্তৱৰ সংসাৰলৈ আহক আৰু সেইটোক পূৰ্ণ কৰাৰ প্ৰয়াস কৰক।

এইদৰে আপুনি নিজকে ঠগিবলৈ এৰি দিব আৰু আনেও আপোনাক সহজতে ঠগিব নোৱাৰিব।

যদি আমি বেছিভাগ ধনী মানুহক চাওঁ, তেতিয়া পাওঁ যে জাগি থকা আৰু নিদ্ৰা দুয়োটাতেই তেওঁলোকৰ নিয়ন্ত্ৰণ নাই। তেওঁলোকে সদাই ৰাতি শুবৰ বাবে টোপনিৰ পিল সেৱন কৰিব লগীয়া হয় আৰু ৰাতিপুৱা জগাৰ পূৰ্বে ঘড়ীত এলাৰ্ম দিব লগীয়া হয়।

ধন উপাৰ্জন কৰাটো ভাল কথা, কিন্তু ঘৰ-পৰিয়ালৰ পৰা দূৰত থাকি, দায়িত্বৰে বিমুখ হৈ, নিজৰ সুখ, নিজৰ ইচছাক নষ্ট কৰি ধন উপাৰ্জন কৰাৰ মেছিন হৈ যোৱাটো উচিত নহয়।

ধন উপাৰ্জন কৰক, কিন্তু নিজৰ পৰিয়াল আৰু দায়িত্বকো ধ্যান দিয়ক। মানসিক চিন্তা আৰু টোপীনৰ পিলৰ অধিক সেৱন স্বাস্থ্যৰ বাবে ঘাতক হয়। স্বাস্থ্য ভালে নাথাকিলে, আপুনি পৰিয়ালৰ বাবে কামত নাহিব আৰু ধন উপাৰ্জন কৰিব নোৱাৰিব আৰু ধনৰ উপভোগো কৰিব নোৱাৰিব। উপাৰ্জন কৰিব আপুনি, খাব ডাক্টৰে।

মই এনে বহুতো ধনী মহাজনক জানো, যিয়ে কথা কয় নিৰামিষভোজী, কিন্তু তেওঁলোকৰ সকলো কাম মাংসভোজী হয়। যিয়ে আদা-নহৰু নাখাই, কিন্তু ইন্টাৰেষ্ট খাবলৈ কেতিয়ালৈ নাপাহৰে। অলপ ভাবি চাওক ইন্টাৰেষ্ট খোৱাটো আদা-নহৰু খোৱাতকৈ ডাঙৰ পাপ নহয়নে। আমি এইটো কেতিয়াও পাহৰিব নালাগে যে-

পাপৰ উপাৰ্জনেৰে আমি আমাৰ সন্তানক সুন্দৰ ঘৰত ৰাখিব পাৰো,

☞ সোনৰ বাতি-চামুচ আৰু দামি পুতলা দিয়াব পাৰো,

☞ দামী কাৰত ফুৰাব পাৰো,

☞ ডাঙৰ-ডাঙৰ স্কুলত পঢ়িবৰ বাবে পঠিয়াব পাৰে, কিন্তু ভাল শিক্ষা আৰু ভাল সংস্কাৰ কেতিয়াও দিয়াব নোৱাৰো।

পাপৰ উপাৰ্জনৰ এক টকা নিষ্ঠাৰে উপাৰ্জন কৰা এক লাখ টকাতকৈ অধিক বেছি হয়।

এইটো প্ৰসংগত মোৰ এটা কাহিনী মনত

পৰে-

আগৰ কথা। এজন নগৰ-মহাজনৰ ওচৰত লাখ লাখ সম্পত্তি আছিল। হঠাৎ সেইটো সম্পত্তি কমি যাব ধৰিলে। নগৰ মহাজন চিন্তাত কৰি গ'ল। তেওঁ মেনেজাৰক সদাই তেওঁৰ সকলো ধন উলিয়াব দিয়ে, তেওঁ ইফাল-সিফাল কৰি চাই, তাৰ পিছত দুঃখী হৈ যায়। মেনেজাৰে একো বুজি পোৱা নাছিল যে মহাজনে সদাই এইটো কি কৰি আছে। এদিন ইয়াৰ কাৰণে সোধাত, মহাজনে কয়, ‘মোৰ সেই ধন বিলাকত পাপৰ উপাৰ্জনৰ খুচুৰা পইচাক বিচাৰি থাকো, যিটো ভুলত বা জানি-অজানিতে আহিছে। ইয়াৰ পৰা মোৰ ধন বাঢ়িলে কিন্তু মোৰ একমাত্ৰ পুত্ৰৰ সংস্কাৰ আৰু তাৰ মানসিকতাকো দূষিত কৰি দিছে।’

মনত ৰাখিব, পাপৰ উপাৰ্জনেৰে ৰোৱা বৃক্ষৰ ফল সদাই তিতা হয়।

আজি আমাৰ দেশ আৰু সমাজক কেৱল কথা কব পৰাই নহয়, বৰং অলপ ভাল কাম কৰি দেখুৱাব পৰা ব্যক্তিৰো আৱশ্যক হয়।

এইটো নাভাবিব যে দেশ আৰু সমাজৰ পৰা আপুনি কি পাইছে, বৰং এইটো ভাবক যে দেশ আৰু সমাজক আপুনি কি দি আছে আৰু কি শ্ৰেষ্ঠতা দিব পাৰে।

সেইকাৰণে সদাই আপুনি অলপ এনে কৰক আৰু নিৰন্তৰে কৰি থাকক যাতে সমাজ আৰু দেশৰ ছবিক সলনি কৰিব পাৰে। সমাজ আৰু দেশৰ ভাগ্য সলনি হ'ব, তেতিয়া আপোনাৰ দিনো নিজে-নিজে সলনি হৈ যাব।

সেই লোক, যি ধাৰ্মিক আড়ম্বৰ কৰি ধৰ্মত সংযোগ কৰি নিজৰ স্বাৰ্থক পুৰা কৰে, আৰু কয় ধৰ্মৰ ঠিকাদাৰ হৈ আছে, আচলতে ধৰ্মৰ আচল শত্ৰু সেই লোক হয়।

যি দৰে আজি আমাৰ দেশৰ সম্পত্তিক চুৰৰ পৰা নহয়, বৰং সেই ৰক্ষক সকলৰ পৰা বিপদ হয়। ঠিক সেইদৰে আপুনি মানিব তেতিয়া আপুনি পাব যে দেশৰ শত্ৰুৰ পৰা নহয়, বৰং দেশৰ বেইমানৰ পৰা বিপদ হয়। তেনেদৰে আপুনি ভাৱিব তেতিয়া পাব যে এটা ধৰ্মক কোনো অন্য ধৰ্মৰ পৰা নহয়, ধৰ্মৰ ঠিকাদাৰ সকলৰ পৰা বিপদ হয়। যি কোনো ধৰ্মৰ শত্ৰু নাস্কি লোক নহয়, বৰং ধৰ্মৰ ঠিকাদাৰ কোৱা তথাকথিত আস্তিক লোক হয়। চুৰে চোৰ কৰি নিজে মাত লগাই-জাগি থাকা। আমি এনে পাষণ্ড, মানৱতা সমাজ, ধৰ্ম আৰু দেশৰ শত্ৰুৰ পৰা সাৱধান হৈ থকাটো বহুত আবশ্যক হয়।

আলোচক বেয়া লাগিলে লাগক, কিন্তু বেয়া নহয়। সঠিক দৃষ্টিত তেওঁলোক আমাৰ জীৱনৰ পথ-প্ৰদৰ্শক হয়। আলোচকে আমাৰ দোষক উজাগৰ কৰে, ভাল আৰু গুণৰ কথা ব্যক্ত কৰে।

শিলগুটি সেই গছলৈও দলিওৱা হয়, যি গছে মিঠা ফল দিয়ে, সেইকাৰণে আমি আমাৰক দোষ আৰু আলোচনা শুনিবলৈ সাহস জাগ্ৰত কৰিব লাগে, আৰু সেইবিলাক দূৰ কৰি গুণক উজাগৰ কৰিবৰ বাবে নিৰন্তৰে যত্ন কৰি থকাটোও আৱশ্যক হয়।

সফলতা সেই ব্যক্তিক পাই, যি নিজৰ দোষক নিৰন্তৰে দূৰ কৰি নিজৰ লক্ষ্যৰ ফালে আগবাঢ়ি থাকে।

গতিকে কেতিয়াও আলোচকৰ পৰা আৰু আলোচনাৰ পৰা ভয় নকৰিব। আত্ম-বিশ্লেষণ কৰি নিজকে নিজৰ দোষক বিচাৰক,

নিজৰ গুণক আধাৰ কৰি সঠিক পদক্ষেপ লওক আৰু শক্তিশালী ইচছাৰে নিজৰ লক্ষ্যৰ ফালে আগবাঢ়ক। নিশ্চয়েই আপুনি সফলতাক প্ৰাপ্ত কৰিব।

যেতিয়া আমি আমাৰ কেৰিয়াৰ (ভৱিষ্যত) গঠন কৰিব গৈ আছো, তেতিয়া সেই সময়ত এইটো চাব নালাগে যে দিননে ৰাতি। আমি সেই সময়ত কেৱল দিন-ৰাতি জাগি বুজা-পৰাৰ লগত নিৰন্তৰে পৰিশ্ৰম কৰিব লাগে।

এবাৰ যেতিয়া আমি আমাৰ কেৰিয়াৰ গঠন কৰাত সফল হৈ যাওঁ, তেতিয়া তাৰ পিছত আমি আৰু আমাৰ পৰিয়ালৰৰ সকলো সদস্য জীৱনভৰ সুখেৰে থাকিব পাৰো।

ভৌতিক সুখৰ আধাৰ কঠোৰ পৰিশ্ৰম আৰু নিজৰ কাৰ্যৰ প্ৰতি এশ শতাংশ নিষ্ঠাবান হয়।

আজি আপোনাৰ ওচৰত যি আছে, সেইটো কেৱল সম্পত্তিৰ ৰূপত হয়। কাৰণ-

- এদিন আপোনাৰ পুত্ৰ আপোনাৰ বোৱাৰীৰ হৈ যাব,
- আপোনাৰ পুত্ৰীক এদিন আপোনাৰ জোঁৱাই লৈ যাব,
- আপোনাৰ জীৱন মৃত্যুৰ হাতত পৰাজয় হৈ যাব,
- আপোনাৰ শৰীৰ মৰাশালীত নষ্ট হৈ যাব,
- আপোনাৰ উপাৰ্জন কৰা সকলো ধন, সম্পত্তি আনৰ হৈ যাব।

যদি বাকী কিছু থাকি যাব, তেতিয়াহ'লে সেইটো হ'ব-আপোনাৰ ভাল কৰ্ম।

সেইকাৰণে নিজৰ জীৱনত নিজৰ প্ৰত্যেক কৰ্তব্যৰ বুজক, ভাল সংস্কাৰ গ্ৰহণ কৰক আৰু ভাল কৰ্মত লাগি যাওক। ভাল কৰ্মৰ পৰা লোক-পৰলোক দুয়ো প্ৰাপ্ত কৰিব।

আমি সকলোৱে লাগিলে ঘৰৰ পৰা বাহিৰত ডাক্টৰ, ইঞ্জিনীয়াৰ, উকিল, চাৰ্টাৰ্ড একাউণ্টেণ্ট, ব্যৱসায়ী বা অধ্যাপক হৈছো, কিন্তু যেতিয়া গধূলি ঘৰলৈ ঘূৰি যাওঁ, তেতিয়া নিজৰ নিজৰ কাম আৰু বৃত্তিক বাহিৰত এৰি ঘৰত প্ৰৱেশ কৰো। এইটো সেইকাৰণে আৱশ্যক হয়, কাৰণ-

ঘৰত আমাৰ মগজু আৰু বৃত্তিৰ নহয়, হৃদয় আৰু সমৰ্পণৰ আৱশ্যক হয়।

ঘৰত আমাৰ কোনো গ্ৰাহক, ৰোগীয়ে অপেক্ষা কৰা নাই-

☞ ঘৰত মাক সন্তানৰ
☞ পত্নীক পতিৰ
☞ বাইদেউক ভায়েকৰ
☞ সন্তানক পিতাকৰ অপেক্ষা থাকে।

ইয়াৰ পৰিৱৰ্তে যদি কোনো কাৰোবাৰ, চাকৰীয়াল ব্যক্তিয়ে ঘৰলৈ উভতে, তেতিয়া তেঁ অপেক্ষা কৰি থকা লোকৰ বাবে অচিনাকী হয়।

এনে ব্যক্তিয়ে নিজৰ পৰিয়ালৰ লগতেই

নহয়, পৰিয়ালক নিজৰ লগত সম্মিলিত কৰিব নোৱাৰে।

পৰিণাম এইটো হয় যে-

- আত্মিকতা আনুষ্ঠানিকতাত সলনি হৈ যায়,
- তেজৰ সম্বন্ধ পবিত্ৰ হৈ নাযায়,
- নিজত্ব, প্ৰেম তথা সমৰ্পণৰ কোনো নাম নাথাকে।

গতিকে আমি সকলোৱে এইটো সদাই মনত ৰাখিবলৈ চেষ্টা কৰিব যে গধূলি যেতিয়া ঘৰল উভতে তেতিয়া এক পিতা, পুত্ৰ, পতি আৰু ভায়েক হৈ উভতক।

পৰিয়ালৰ প্ৰেম, একতা, পৰস্পৰৰ মাজত বিশ্বাসৰ এইটো প্ৰথম চৰ্ত হয়। এইটো চৰ্তক পুৰা কৰিব নোৱাৰা ব্যক্তি সকলোতকৈ বেলেগ-বেলেগ হৈ যায়।

এটা সময়ৰ কথা। এক মৰাশক উঠাই কিছুমান লোক আগবাঢ়ি গৈ আছিল। সেই সমূহৰ মাজত কিছুমান লোকে কথা কৈ আছিল, 'বেচেৰা গুচি গ'ল।'

যমৰজাই তেওঁলোকৰ কথা শুনিলে আৰু মনত ভাবিলে-

সকলোৱে জানে যে তেওঁলোকৰৰো এইটো গতি হ'ব। বয়সৰ পাত শুকাই যোৱাৰ পিছত জীৱনৰ ডাল মহৰি যাব। মনুষ্যই এইটোও জানে যে মৃত্যুৰ পিছত ঈশ্বৰক নিজৰ কৰ্মৰ হিচাপ দিব লাগে। তেওঁ যেনে কৰ্ম কৰিছে, তেনে ফল পাব। যেনে কৰ্ম, তেনে ফল।

ইয়াৰ সত্ত্বেও ভালতকৈ অধিক তেওঁ ধ্যান বেয়াত যায়। মিছা, অনাচাৰ, ঠগ-বাজী আৰু স্বাৰ্থক তেওঁ নিজৰ জন্মসিদ্ধ অধিকাৰ বুলি ভাবে। মনুষ্য হৈ মনুষ্যৰ উৎপীড়ন কৰি তেওঁক ভাল লাগে।

কিছুমান লোকক এনে লাগে যে ৰ'দ, বতাহ, নদী, সূৰ্য আদি কেৱল তেওঁলোকৰ বাবে হয়। সেইকাৰণে নিষ্ঠাৰ পৰিৱৰ্তে তেওঁলোকৰ অবৈধৰ ৰাস্তা গ্ৰহণ কৰে। এইটো জানিও যে এদিন তেওঁ ঈশ্বৰক মুখ দেখুৱাব লাগিব, যি তেওঁ দুষ্কৰ্মৰ দণ্ড দিব, বেয়া কৰ্মৰ ৰাস্তাৰ পৰা খোজ পিছোৱাই নাযায় অথবা পিছোৱাব নিবিচাৰে। হে ভগবান, বিচলিত হোৱা লোক সকলক সদ্‌বুদ্ধি দিয়ক।

আজি মই এইটো দেখি আচৰিত হওঁ যে কিদৰে নিজৰ মা-দেউতাকক অৱহেলনা, দুৰ্ব্যৱহাৰ কৰিব ধৰিছে। সন্তানত জন্ম দি, তেওঁলোকৰ সকলো আৱশ্যকতা পুৰা কৰি, পঢ়াই-লিখাই যিয়ে ডাঙৰ-দীঘল কৰিলে, সেই মা-দেউতাৰ লগত এনে অসৎব্যৱহাৰ কৰা সকলো লোকক মই এইটো কব বিচাৰো, আমি এইটো পাহৰিব নালাগে যে যেতিয়া আমি সৰু আছিলো, তেতিয়া আমি আমাৰ সৰু সৰু আৱশ্যকতাৰ বাবে কান্দি-কান্দি আমাৰ মাক কষ্ট দিছিলো। কিন্তু আমাৰ মায়ে কষ্ট হোৱাৰ পৰিৱৰ্তে আমাৰ সকলো আৱশ্যকতাক পুৰা কৰিছিল। আজি যেতিয়া আমি ডাঙৰ হৈ গৈছো, তেতিয়াহও আমি আমাৰ মাক কষ্ট দিবলৈ এৰি দিয়া নাই আৰু তেওঁক অশেষ দুঃখ দি তেওঁক ভাবুক কৰি দিছো।

আমি ভাৱিব লাগে যে আমি কেনেকুৱা পুত্ৰ হয়?

আমি যেতিয়া সংসাৰত প্ৰথম বাৰ চকু মেলো আৰু প্ৰথম শ্বাস লওঁ, তেতিয়া আমাৰ ওচৰত আমাৰ মা আছিল।

আমাৰ প্ৰত্যেক দুঃখ মা-দেউতাকেই লগ দিছে আৰু আমাৰ লগত থাকিছে। আমাৰ প্ৰত্যেক আৱশ্যকতাক মা-দেউতাকে পুৰা কৰিছে।

আজি আমাৰো এইটো দায়িত্ব হয় যে আমিও তেওঁলোকৰ দুঃখ আৰু কষ্টক বুজি, তেওঁলোকৰ লগ দিব লাগে আৰু যেতিয়াই আমাৰ মা-পিতাই অন্তিম উশাহ লব, তেতিয়া আমিও তেওঁলোকৰ ওচৰত থাকিব লাগে।

মা-দেউতাৰ সেৱাতকৈ ডাঙৰ কোনো মহাযজ্ঞৰ প্ৰতিফলো নাথাকে। যিয়ে যেনেকুৱা ৰোপণ কৰে, তেওঁ এইখন সংসাৰত তাৰ ফচল কাটে।

উদাহৰণৰ বাবে আপোনাৰ কলনি, চুবুৰীয়া আদিত চাওক, নিশ্চিত ৰূপেৰে এনে লোক আপুনি দেখা পাব, যিয়ে নিজৰ মাক-দেউতাকক দুঃখ দিয়ে, তেওঁলোকৰ সন্তানো তেওঁলোকক দুঃখ দি আছে।

যদি আপোনাৰ টীম কুম্ভকৰ্ণৰ দৰে গভীৰ নিদ্ৰাত শুই আছে আৰু কোনো প্ৰগতি কৰা নাই, তেতিয়াহ'লে শুই থকা টীমক জগাবৰ বাবে বুঢ়ি আইৰ সাধুৰে কামত নাহিব, ইয়াৰ বাবে বাঘ-হাতী আদিৰ দৰে গুঞ্জনৰ আৱশ্যক হয়, যাতে আপোনাক দেখি আপোনাৰ টীমৰ আত্ম-বিশ্বাসো জাগি উঠিব আৰু লক্ষ্য প্ৰাপ্তিৰ বাবে আগবাঢ়িবলৈ সাজু হওক।

উপলব্ধিৰ ওপৰত আনন্দ উপভোগ কৰাটো বেয়া কথা নহয়, কিন্তু সেই উপলব্ধিৰ প্ৰাপ্তিৰে অহংকাৰ পালি লোৱাতো নিশ্চয় বেয়া কথা হয়।

ওখ-ওখ ঘৰ আৰু দোকান নিৰ্মাণ কৰাটো বেয়া নহয়, কিন্তু নিজৰ ওখ-ওখ ঘৰ আৰু দোকানক দেখি অভিমান পালি লোৱাটো বেয়া কথক হয়।

এনে এদিন আহিব, যেতিয়া আমি এই ঘৰ আৰু দোকানৰ মাটিৰ তলত পৰি থকা দেখা পাব আৰু আমাৰ মাটিৰ ওপৰত ঘাঁহ-বন গজিব আৰু তাত কোনো ছাগলী বা গাধাই চৰি থাকিব।

প্ৰকৃতিৰ এইটো নিয়মক আমি কেতিয়াও পাহৰিব নালাগে যে মনুষ্যৰ শৰীৰৰ মূল্য মাটিতকৈ অধিক নহয়।

কেতিয়াবা এইটো মানৱ শৰীৰ মৰাশালীৰ পোক-পতংগৰ খুৰাক হৈ যায়, কেতিয়াবা চিতাৰ ঈন্ধন। দুয়ো ক্ষেত্ৰত এইটো মাটিত পোৱা যায়।

আমি কোনো কাৰ্য কৰো আৰু তাত অসফলতা পাইছো, তেতিয়াহ'লে আমি কওঁ যে আমাৰ ভাগ্য বেয়া নহয়।

আমি ব্যৱসায়ত পইচা লগাওঁ আৰু পইচা ডুবি যায়, তেতিয়া আমি কওঁ যে আমাৰ ভাগ্য বেয়া হয়।

আমি লটাৰিৰ টিকট কিনো আৰু নম্বৰ নালাগে, তেতিয়া আমি কওঁ যে আমাৰ ভাগ্য ভাল নহয়।

ইয়াত মই এইটো বুজি নাপাওঁ যে, এই কথাবিলাকৰ লগত আমাৰ ভাগ্যৰ কি সম্বন্ধ ?

সাধাৰণতে আমাৰ ভাগ্য সেইদিনা নুফুলে-

☞ যি দিনা আমি গোটেই নিষ্ঠাৰে, সত্য, আৰু বুজা-পৰাৰে আমাৰ কাৰ্যক নকৰো।

☞ যি দিনা আমি নিজৰ ওপৰত বিশ্বাস আৰু পৰমপিতা পৰমেশ্বৰৰ আস্থা ৰখা এৰি দিও।

সদাই মনত ৰাখিব, ভাগ্য গঠন কৰাটোও আপুনি হয় আৰু ভাগ্যক বেয়া কৰা জনো আপুনি হয়। যি লোকে অসফলতাৰ কাৰণে শিক্ষা লৈ নতুন কাৰ্যৰে সফলতাৰ প্ৰয়াস নকৰে, তেওঁলোকে ভাগ্যৰ ওপৰত কান্দি থাকে।

সেইকাৰণে ঈশ্বৰৰ ওপৰত বিশ্বাস ৰাখি সকলো কাম কৰি থাকক, সফলতা নিশ্চয় পাব।

মিত্ৰই যেতিয়াই-তেতিয়াই আপোনাৰ লগত এৰি দিব পাৰে আৰু ভাতৃয়ে আপোনাক এৰি থৈ যাব পাৰে, সেইকাৰণে-

☞ সদাই আপোনাৰ ক্ষমতা, সমাৰ্থ্য আৰু বাহুৰ ওপৰত বিশ্বাস থাকিব লাগে,

☞ সফল লোকৰ পৰা প্ৰেৰণা লৈ কাৰ্য কৰক, বালকক চাই জীয়াই থাকক,

☞ ডাঙৰৰ পৰা শিক্ষা লৈ আগবাঢ়ক,

☞ প্ৰত্যাহ্বানক যুজি সন্মুখীন কৰক,

☞ সংকটৰ বাবে সাজু থাকক আৰু সুখৰ বাবে নিৰন্তৰে চেষ্টা কৰক।

ইয়াৰ সুখৰ পৰিণাম এইটো পাব যে জীৱনত কেতিয়াও আপুনি দুঃখী আৰু নিৰাশ হ'ব লগীয়া নহ'ব।

যদি আমি এইটো বিচাৰো যে মৃত্যুৰ পিছতো মানুহে আমাক মনত ৰাখক, তেতিয়াহ'লে ইয়াৰ বাবে আমি দুটাৰ ভিতৰত এটা কাম নিশ্চয় কৰিব লাগিব।

প্ৰথম কাৰ্য-

আমি এনে ভাল লিখিব লাগে, যিটো পঢ়িবলৈ যোগ্য হয় আৰু ইমান ভাল হ'ব লাগে যে আমাৰ মৃত্যুৰ পিছতো মানুহে যিটো পঢ়িলব উত্তাবল হৈ থাকে।

দ্বিতীয় কাৰ্য-

আমি এনে কিছু ভাল কাম কৰিব লাগে, যিটো সংসাৰৰ বাবে উদাহৰণ হৈ যায় আৰু যাক মানুহে লিখিবলৈ আৰম্ভ কৰি দিব।

সংসাৰত যি কোনো ব্যক্তিক তেওঁৰ ভাল কৰ্মৰ বাবে মনত ৰখা যায় বা তেওঁৰ বহুমূল্য কৃতি বা ৰচনাৰ কাৰণে। বাকী সকলো মানুহক সংসাৰে সোনকালে পাহৰি যায়।

আনৰ কথা বা দিয়ক, নিজৰ মানুহেও মনত নাৰাখে।

মদ কেৱল সেৱন কৰা সকলৰ বাবেই বিষ নহয়, বৰং গোটেই সমাজ আৰু মানৱতাৰ বাবে বিষাক্ত হয়।

কাৰণ, এতিয়ালৈকে যিমান লোকে নদী-নলা, পুখুৰী আৰু সমুদ্ৰত ডুবি মৰাতকৈ মদ খাই মৰি যোৱা মানুহৰ সংখ্যাত তাতকৈ কেইব গুন বেছি হয়।

বন্ধুসকল মদেই সেৱন কৰিব বিচাৰে, তেতিয়াহ'লে-

☞ ঈশ্বৰ ভক্তিৰ সেই মদ সেৱন কৰক, যি সুৰ, তুলসী, কবীৰ নানকে সেৱন কৰিছিল।

☞ অহিংসাৰ সেই মদ সেৱন কৰক, যিটো গান্ধী, গৌতম আৰু মহাবীৰ স্বামীয়ে সেৱন কৰিছিল।

☞ দেশপ্ৰেমৰ সেই মদ সেৱন কৰক, যিটো সুভাষ আৰু বিস্মিলে সেৱন কৰিছিল।

☞ দেশভক্তিৰ সেই মদ সেৱন কৰক, যিটো

সুখদেৱ, ৰাজগুৰু আৰু ভগতসিঙে ফাঁচিৰ ৰচিত ওলমি সেৱন কৰিছিল।

☞ অধিকাৰৰ সেই মদ সেৱন কৰক, যিটো খ্ৰীষ্টই কাঠত ওলমি সেৱন কৰিছিল।

☞ দেশপ্ৰেমৰ সেই মদ সেৱন কৰক, যাৰ নিচাত আশফাকে নিজৰ মাকক লিখি পঠিয়াইছিল-'মই মোৰ জীৱন যৌৱন কালত ত্যাগ কৰিম, সেইটো নাজানো তেজত সেই সমৃদ্ধি থাকিব নাথাকে।'

☞ আহুতিৰ সেই মদ সেৱন কৰক, যিটো উস্মান আৰু আব্দুল হামীদে দেশৰ বাবে তেজ দি সেৱন কৰিছিল।

মদ কিয় সেৱন কৰে, যিটো অপকৰ্ম আৰু সন্ত্ৰাসৰ মূল হয়।

এনে বহুতো লোক আছে-

- যিয়ে ভোকাতুৰক ভোজন দি অহংকাৰেৰে কয় যে মই ভোজন খোৱাইছো।
- যিয়ে দুখীয়াক কাপোৰ দি অহংকাৰেৰে কয় যে মই তেওঁলোকক কাপোৰ দিছো।
- যিয়ে মন্দিৰত শলিতা জ্বলাই অহংকাৰেৰে কয় যে মই শলিতা জ্বলালো।

মই এনে লোক সকলক সোধো, আৰে অহিংকাৰী সকল-

- আপুনি ভোকাতুৰক ৰুতি দিবনে,
- আপুনি দুখীয়াক কাপোাৰ পিন্ধাবনে,
- আপুনি ভগৱানৰ সম্মুখত শলিতা জ্বলাবনে।

যি পৰমপিতা পৰমেশ্বৰে আমাক সৃষ্টি কৰিলে, তেওঁ আমাৰ বাবে আৱশ্যকতাক আগৰ পৰাই ঠিক কৰি থৈছে। আপুনি ভগৱনাৰ দ্বাৰা সৃষ্টি কৰা কেৱল এক সাধন হয়, যি নিজৰ কৰ্তব্য পালন কৰি আছে।

• মনত ৰাখিব-ভগৱানে যদি কোনো সমস্যা সৃষ্টি কৰিছে, তেতিয়াহ'লে তাৰ সমাধানো নিশ্চয় ৰাখিছে।

তেওঁৰ দ্বাৰা নিৰ্মাণ কৰা প্ৰকৃতিৰ শলিতা আগৰ পৰাই সংসাৰত জলি আছে, যিটো সংসাৰক আলোকিত কৰি আছে। দিনত সূৰ্য জিলিকি থাকে, ৰাতি চন্দ্ৰমাই পোহৰ দি থাকে।

আপোনাৰ দ্বাৰা কোনো ভোকাতুৰক দিয়া ভোজন সেই প্ৰকৃতিৰ ভোজনৰ লগত তাল-মিলাব নোৱাৰে য'ত তেওঁ আমাক অসংখ্য ফল-ফুল আৰু শস্যৰ ৰূপত দিছে।

আপোনাৰ দ্বাৰা জ্বলোৱা সৰু-সৰু শলিতাৰ সেই প্ৰকৃতি শলিতা (চন্দ্ৰ আৰু সূৰ্য) ৰ লগত ফেৰ মাৰিব নোৱাৰে, যিটো আপুনি অহংকাৰেৰে মই-মই বুলি কৈ আছে।

গতিকে অহংকাৰ এৰি দিয়া আৰু পৰমপিতা পৰমেশ্বৰৰ শক্তিক চিনি লোৱা। এইটো পাহৰি যাব নালাগে যে মৃত্যুৱে মনুষ্যক পিছত মাৰে, অহংকাৰে আগতেই মাৰি দিয়ে।

পৰিৱৰ্তন প্ৰকৃতিৰ নিয়ম হয়। ওপৰৰ পৰা তল আৰু আগৰ পৰা পিছ চাৰিওফালে পৰিৱৰ্তন হয়, হৈ আছে আৰু পিছলৈ হৈ থাকিব।

যদি আপুনি পৰিস্থিতি, বাতাবৰণ আৰু সময়ৰ অনুসাৰে সলনি হৈ নাযায়, তেতিয়াহ'লে আপোনাক আত্মহত্যা কৰিব লাগে কাৰণ এতিয়া এইখন সংসাৰত আপুনি জীয়াই থকাৰ যোগ্য নহয়।

আপোনাৰ সন্মুখত দুটাই বিকল্প আছে, প্ৰথম এইটো হয় যে পৰিস্থিতি, বাতাবৰণ আৰু সময়ক চাই আপুনি নিজকে সলনি কৰি লওক বা আত্মহত্যা কৰিবৰ বাবে সাজু হৈ যাওক।

ইয়াত 'আত্মহত্যা' শব্দত মোৰ অভিপ্ৰায় ফাঁচি লগাই, বিষ খাই, কোঁৱা-পুখুৰীত ডুবি যোৱা বা ৰেলত পৰি নিজৰ জীৱনক সমাপ্ত কৰি লোৱা কেতিয়াও নহয়।

মোৰ অভিপ্ৰায় জানি বুজি নিজৰ ভৰিত কুঠাৰ মৰাৰ দৰে যোজনাৰ দৰে হয়।

মোৰ কোৱাৰ তাৎপৰ্য্য এইটো হয় যে যি লোকে সময়ৰ লগত আগবাঢ়ি নাযায়, সময়ে তেওঁলোকক এৰি আগবাঢ়ি যায়।

পিছ পৰি থকা লোক মৃতপ্ৰায় অথবা বিকলাংগৰ দৰে হয়।

পৰিৱৰ্তনৰ সময়ৰ লগত পৰিৱৰ্তন নোহোৱাতো আত্মহত্যা কৰাৰ দৰে হয়।

লক্ষ্মী কেৱল পৰিশ্ৰম কৰিলেই নাহে। যদি পৰিশ্ৰম কৰিলেই আহে, তেতিয়াহ'লে মজদূৰ বোধহয় সংসাৰৰ সকলোতকৈ ধনী হ'লহেঁতেন।

মোৰ মতে লক্ষ্মী কেৱল তেওঁলোকৰ ওচৰলৈ আহে যিয়ে বুজা-পৰাৰে পৰিশ্ৰম কৰে।

সেইকাৰণে গুৰুত্বপূৰ্ণ এইটো নহয় যে আপুনি কিমান পৰিশ্ৰম কৰে, গুৰুত্বপূৰ্ণ এইটো হয় যে আপুনি আপোনাৰ কামক কিমান বুজা-পৰাৰে কৰে, আপোনাৰ লক্ষ্য কিমান উচ্চ হয় আৰু তাৰ প্ৰাপ্তিৰ বাবে আপুনি কিমান নিষ্ঠাৰে প্ৰয়াস কৰে।

যদি জীয়াই থকাৰ পিছত কোনো মহান উদ্দেশ্য নাই, তেতিয়াহ'লে জীৱন ব্যৰ্থ হয়।

নিৰুদ্দেশ্য জীৱনৰ কোনো অৰ্থ নাই।

সংসাৰত মূৰ দাঙি জীয়াই থাকিব লাগে আৰু নিজৰ উপস্হিতি কৰিব লাগে, তেতিয়াহ'লে আজিয়েই আপোনাৰ উদ্দেশ্যক এক নতুন দিশ দিয়ক, কোনো মহান উদ্দেশ্যৰ বাবে নিজকে সমৰ্পিত কৰি দিয়ক।

নিজৰ লগতে আনৰ বাবেও জীয়াই থাকক। কিছু সময় পিছত আপুনি অনুভৱ কৰিব যে আপোনাৰ জীৱনৰ সঠিক পথ আহিছে। আপুনি আনৰ হ'লে, আনেও আপোনাৰ হৈ যাব।

কোনো উদ্দেশ্যক লৈ আপুনি অকলে আগবাঢ়িছিল, কিন্তু প্ৰগতি বাঢ়ি গৈছে, আপোনাৰ উদ্দেশ্যই আনৰো উদ্দেশ্য হৈ গৈছে।

কোনো বিদ্বানে ভাবি-চিন্তি কৈছে যে পৃথিৱী এক পৰ্যটন ভূমিৰ দৰে হয় আৰু আমি সকলোৱে ইয়াত পৰ্যটন কৰিবলৈ আহিছো। এইটো বিচাৰৰ ওপৰত যদি আমি ভালদৰে বিচাৰ কৰো, তেতিয়াহ'লে যথাৰ্থৰ ওপৰত সিচৰিত থকা ধোঁৱা লাহে লাহে চাফা হ'ব ধৰে। আমি ভাৱিব ধৰো যে পৃথিৱী পৰ্যটন-ভূমি হয় আৰু আমি সকলো পৰ্যটক।

ইয়াত মন দিয়াৰ কথা এইটো হয় যে পৰ্যটক যলৈ যায়, তেওঁক চম্ভালি থাকিব লগীয়া হয়। বিদেশত তেওঁ কাৰোৰে লগত কাজিয়া নকৰে। সকলো তিতা-মিঠা ঘটনা আৰু কথা নিজৰ ভিতৰত সোমাই দিয়ে, কাৰণ তেওঁ এইটো জানে যে অতি সোনকালে এদিন নিজৰ ঘৰলৈ যাব লাগে। সেইকাৰণে তেওঁ সদাই ৰাতিপুৱা-গধূলী নিজৰ ঘৰ-পৰিয়ালৰ লগত ফোনত কথা পাতিবলৈ নাপাহৰে আৰু সকলোৰে খবৰ লৈ থাকে। ঠিক এইদৰে আমি সকলোৱে ভগৱানৰ ঘৰৰ পৰা এইখন সংসাৰলৈ পৰ্যটনৰ বাবে আহিছো আৰু আমি সকলোকে এদিন নিজৰ দেশলৈ ঘূৰি যাব লাগিব।

সৈদ্ধান্তিক, বৈচাৰিক আৰু নৈতিক কথা এইটো হয় যে আমি সকলোকে নিজৰ সেই 'ঘৰ' ক প'লে-প'লে মনত ৰাখিব লাগে, কিন্তু মনত নাৰাখো। সাংসাৰিক আৰু পাৰিবাৰিক মোহ-মায়াত ফচি আমি আমাৰ 'আচল ঘৰ-পৰিয়াল' ক পাহৰি যাওঁ।

ৰাতিপুৱা-গধূলী দূৰৰ কথা, আমি সপ্তাহ, মাহলৈকো ভগৱানক মনত নাৰাখো। যদি কেতিয়াবা মনত পেলাওঁ, তেতিয়া কেৱল নিজৰ বেয়া অথবা সংকটজনক সময়ত।

এতিয়া আপুনি নিজকে ভাৱি চাওক, যে এইটো কিমান দূৰলৈকে উচিত? আমি এইটো কথা কেতিয়াও পাহৰি যাব নালাগে যে ৰাতিপুৱা গধূলী ভগৱানৰ প্ৰাৰ্থনা কৰিব লাগে, তেতিয়াহে আমাৰ ঘৰ শান্তিৰে চলিব। আপুনি ভগৱানক মনত ৰাখিলে, ভগৱানেও আপোনাক মনত ৰাখিব। যদি আপুনি ভগৱানক পাহৰি যায়, তেতিয়াহ'লে তেওঁও আপোনাক আপোনাৰ ওপৰত এৰি দিব।

কিছুমান লোকে ভাৰত-পাকিস্তানক পৰম্পৰাবাদী আৰু ধৰ্মৰ নামত ভাগ কৰি দিলে আৰু এতিয়াও আমাৰ দেশক স্বাৰ্থ আৰু ধৰ্মৰ নামত, জাতি আৰু ভাষাৰ নামত ভাগ কৰাত এৰি দিয়া নাই।

ভিক্ষু-ভিক্ষু কাৰণত মনুষ্যক ভাগ কৰা সকলক মই সুধিব বিচাৰো-

'নিজৰ ধৰ্ম আৰু স্বাৰ্থৰ নামত ভাৰত আৰু পাকিস্তানৰ মাজত এক ৰেখা টানি দিলে,

জাতি আৰু ভাষৰ নামত মানুহৰ মনত হিংসা সৃষ্টি কৰি দিলে,

☞ কিন্তু যদি তোমাৰ ইমানেই শক্তি আছে, তেতিয়াহ'লে আকাশত এক ৰেখা টানি চোৱা।

☞ যি বায়ু আমি সকলোৱে উশাহ লৈ আছো, সেই বায়ুক ভাগ কৰি চোৱা যে এইটো বায়ু হিন্দু আৰু মুছলমানৰ হয়।

☞ যদি তোমাৰ ওচৰত ইমানেই শক্তি আছে, তেতিয়াহ'লে আকাশৰ পৰা পৰা বৰষুণক

ভাগ কৰি চোৱা যে এইটো বৰষুণ আৰু হিন্দুৰ আৰু এইটো মুছলমানৰ।

☞ যদি তোমাৰ গাত ইমান শক্তি আৰু সাহস আছে, তেতিয়াহ'লে চন্দ্ৰ-সূৰ্যৰ ৰশ্মীক ভাগ কৰি চোৱা যে এইটো ৰশ্মী হিন্দুৰ আৰু এইটো মুছলমানৰ।

☞ যদি তোমাৰ ইমনা শক্তি আৰু সাহস আছে, তেতিয়াহ'লে সময়ক ভাগ কৰি চোৱা যে এইটো সময় হিন্দুৰ আৰু এইটো মুছলমানৰ।

☞ যদি তোমাৰ গাত ইমান শক্তি আৰু সাহস আছে তেতিয়াহ'লে তেজক চিনাক্ত কৰি কোৱা যে এইটো তেজ হিন্দুৰ আৰু এইটো মুছলমানৰ।

তেওঁলোকে এইটো কৰিব নোৱাৰে, তেতিয়াহ'লে আপোনালোকে তেওঁলোকৰ এই কথাক কাণ দি নিজকে আৰু আনক কিয় ভাগ কৰি আছে।

ইয়াত কোনো শংকা নাই যে ধন উপাৰ্জন কৰিবৰ বাবে বুজা-পৰা আৰু কঠিন পৰিশ্ৰমৰ লগতে ডাঙৰ হৃদয়ৰ আৱশ্যক হয়।

ইয়াৰ লগতে এইটো পাহৰি যাব নালাগে যে দান-পুণ্য কৰিবৰ বাবে তাতকৈ ডাঙৰ হৃদয়ৰ আৱশ্যক হয়।

যদি আপুনি শান্তিময় ধৰণে জীয়াই থাকিব বিচাৰে, তেতিয়াহ'লে কামৰ সময়ত কেৱল কাম কৰক আৰু যেতিয়া কাম নকৰে, তেতিয়া আৰাম কৰক।

সন্ধ্যা ঘৰলৈ উভতি আহোঁতে অফিচক ঘৰলৈ লৈ নাহিব আৰু যেতিয়া ৰাতিপুৱা ঘৰৰ পৰা অফিচলৈ যায়, তেতিয়া ঘৰক ঘৰতেই এৰি দিয়ক।

যলৈ আপুনি যাব, তাত আপোনাৰ 100 শতাংশ উপস্থিতি দেখুৱাওক।

ঝাড়ু দিব লগীয়া হ'লেও মন আৰু আনন্দৰে ঝাড়ু লগাওক।

আধৰুৱা মনেৰে যি কোনো কাৰ্যক নকৰিব। যি কাম কৰিব, গোটেই মন-মগজুৰে কৰক। ইয়াৰ পৰা আপোনাৰ কামো ভাল হ'ব আৰু চিন্তাও নহ'ব।

আজি সমাজত আপোনাৰ যি প্ৰতিষ্ঠা আছে, মান-সন্মান আছে বা আজি আপুনি সফলতাপূৰ্বক যি কাম কৰি প্ৰতিষ্ঠা পাইছে, এইটো নাপাহৰিব যে আপোনাৰ এই সকলো যোগ্যতা, উপলব্ধি আৰু প্ৰতিষ্ঠাৰ মূলত আপোনাৰ মাক-পিতাৰ বহুত ডাঙৰ যোগদান আছে, তেওঁলোকে দিন-ৰাতি এক কৰি কঠোৰ পৰিশ্ৰম কৰি আৰু তেওঁলোকৰ সুন্দৰ বৰ্তমানৰ সকলো সুখক ত্যাগ কৰি আপোনাৰ ভৱিষ্যতক সজাইছে। তেওঁলোকৰ এই ত্যাগে, তেওঁলোকৰ সমপৰ্ণে, তেওঁলোকৰ আশীৰ্বাদে আজি আপোনাৰ উচ্চতাৰ শিখৰলৈ লৈ গৈছে।

আপুনি লাগিলে সংসাৰত সকলোতকৈ ডাঙৰ ধনবান হৈ গ'লেও, কিন্তু মনত ৰাখিব যে আপুনি আপোনাৰ মাক-পিতাৰ ঋণক কেতিয়াও পৰিশোধ কৰিব নোৱাৰিব। সেইটো ঋণ, যিটো তেওঁলোকে দিন-ৰাতি কঠোৰ

পৰিশ্ৰম কৰি, নিজৰ সুখক ত্যাগ কৰি, নিজৰ যোগ্যতা, ভাল সংস্কাৰ আৰু সদ্‌গুণৰ ৰূপত দিছে।

কিন্তু আপুনি কিছু ভাল কাৰ্য কৰি, কিছু ডাঙৰ উপলব্ধিক প্ৰাপ্ত কৰে তেওঁলোকৰ মান-সন্মানক সমাজত নিশ্চয় বঢ়াব পাৰে আৰু গৌৰৱেৰে তেওঁলোকৰ মূৰ ওপৰলৈ উঠাব পাৰে।

❧ ● ❧

মানুহৰ কেৱল মগজুৰ শিৰ ফাটিলেই আৰু হৃদয়গতি ৰখিলেই মানুহ নমৰে, বৰং মনুষ্য বাস্তৱত সেই দিনা মৰি যায়, যি দিনা তেওঁৰ সকলো আশা আৰু সপোন মৰি যায়, তেওঁৰ আত্মবিশ্বাস মৰি যায়।

প্ৰকৃতিৰ নিয়ম হ'ল-দান দিলে কমি নাযায়। যিয়ে দান দিয়ে, তেওঁ মহান হয়।

যি কোনো বস্তুক দান দিলে সেইটো সোন হৈ যায়, অন্যথা থৈ দিলে মাটি হৈ যায়।

সেইকাৰণে পৰমপিতা পৰমাত্মাই আমাক যি দিছে, তাৰে কিছু আমি দান কৰিব লাগে।

এইটো কথা কেৱল ধনবানীৰ ওপৰতেই প্ৰযোজ্য নহয়, বৰং সকলোতে প্ৰযোজ্য হয়।

এক সাধাৰণ ভিক্ষাৰীও ভিক্ষাত পোৱা ৰুতি তেতিয়া খাই, যেতিয়া তাৰে এটা টুকুৰা পোক-পৰুৱা বা কুকুৰৰ সন্মুখত পেলাই দিয়ে। যদি তেওঁ এনে নকৰিব, তেতিয়াহ'লে তেওঁ জনমে-জনমে ভিক্ষাৰী হৈ থাকিব।

দানেৰে ধন বাঢ়ে, কমি নাযায়।

ওখ-চাপৰ আৰু ৰং-ৰূপত সন্তান যেনেকুৱা হ'লেও, মাক-দেউতাকক সেইকাৰণে ভাল লাগে, কাৰণ সিহঁত তেওঁলোকৰেই অংশ হয়। ইয়াত মই এইটো কব বিচাৰো যে আপুনি আপোনাৰ সন্তাক নিশ্চয় মৰম কৰক, কিন্তু-

- মৰমত অন্ধ হৈ নাযায়।
- সন্তানৰ সকলো আৱশ্যকক নিশ্চয় পুৰা কৰক, কিন্তু ভুলতো তেওঁলোকৰ অবৈধ আৱশ্যকতাক পুৰা নকৰিব।
- তেওঁলোকৰ বৈধ আৱশ্যকতাক পুৰা কৰা সময়তো এইটো নিশ্চয় বিচাৰক কৰক যে সেইটো বস্তু সন্তানৰ বাবে আৱশ্যক হয়নে নহয়, সন্তানে নিজৰ মিত্ৰক দেখুৱাবৰ কাৰণে, অনাৱশ্যকীয় ৰুচিক বঢ়াবলৈ ভুল দাবী কৰা নাইতো।

আচৰিত হ'ব লগা কথা এইটো হয় যে আজিকালীৰ অধিকাংশ মাক-পিতাকে নিজৰ সন্তানক অনুশাসন নিশিকাই। তেওঁলোকে

ভাবে যে শিশুৰ ওপৰত বাধা দিলে তেওঁলোকৰ প্ৰতিভা লুকাই যাব আৰু তেওঁলোক বিকাশ কৰিব নোৱাৰিব।

কিন্তু মনত ৰাখিব, অনাৱশ্যকীয় দাবী কৰা, আনৰ লোকচনা কৰা, আনৰ সন্মান নকৰক, ডাঙৰৰ কথা নুশুনা, নিজৰ জেদী ভাবক সকলোতকৈ ওপৰত ৰখাটো কোনো প্ৰতিভা নহয়। মৰমৰ লগতে সন্তানক অনুশাসিত কৰি ৰখাটোও অতি আৱশ্যক হয়। জীৱনত উক্ষুতি সেই শিশুৱে কৰে, যি অনুশাসিত হয়।

বাল্যকালত লেকাম এৰি দিয়া শিশুৰ ভৱিষ্যত নিজেক এক প্ৰশ্ন হৈ যায়।

চাওক, এনে কোনো প্ৰশ্ন আপোনাৰ সন্তানৰ যুৱক হোৱাৰ অপেক্ষা কৰা নাইতো।

জেদি ভাৱক এক এনে বাধা হয়, য'ত যদি পতি-পত্নী, পিতা-পুত্ৰ, বোৱাৰী-শশুৰ, ভাই-ভনী আৰু মিত্ৰৰ মাজত আহি যায়, তেতিয়া সেই বাধাক আতৰোৱাটো বহুত কঠিন হয়।

এইটো বাধা ভাঙিব নোৱাৰি, কিন্তু সম্বন্ধ নিশ্চয় ভাঙি যায়।

মোৰ মতে-যদি আমি সকলোৱে আমাৰ ক্ৰোধৰ ওপৰত নিয়ন্ত্ৰণ ৰাখি জেদি ভাৱক আতৰাই দিওঁ, তেতিয়াহ'লে আমি মানুহৰ এই নৰক হোৱা জীৱন আজি আৰু এতিয়াৰ পৰা স্বৰ্গৰ পৰিণত হ'ব।

যদি আপুনি এজন পিতা হয়, তেতিয়াহ'লে আপোনাৰ সন্তানৰ প্ৰতি ইমান দায়িত্ব নিশ্চয় আছে যে আপুনি তেওঁক এনে শিক্ষা, সভ্যতা, সংস্কৃতি আৰু সংস্কাৰ দিয়ক, যে আপোনাৰ সন্তান সমাজত সন্মানৰ পাত্ৰ হ'ব পাৰে। সমাজত আগবাঢ়ি নেতৃত্ব কৰিব পাৰে।

আৰু যদি আপুনি কাৰোবাৰ পুত্ৰ হয়, তেতিয়াহ'লে আপোনাৰ পিতাৰ প্ৰতি এক কৰ্তব্য থাকিব লাগে।

আপুনি এনে সংস্কাৰী আৰু আদৰ্শ জীৱন জীয়াই থাকক, যিটো দেখি সমাজ আৰু সংসাৰৰ সকলো লোকে আপোনাৰ পিতাক সোধিব যে আপুনি এনে কি পুণ্য কৰিলে, যে আপুনি এনে সংস্কাৰৱান, সভ্য আৰু আদৰ্শ পুত্ৰ প্ৰাপ্ত কৰিলে।

সংসাৰত মুখ্যতঃ দুই ধৰণৰ মনুষ্য থাকে। প্ৰথম তেওঁলোক, যি কেৱক নিজৰ বাবেই নহয়, বৰং আনৰ বাবেও জীয়াই থাকে। আনৰ বাবে ভাল কথা ভাৱে, ভাল কৰে। নিজে হাঁহি থকাৰ লগতে সংসাৰকো হঁহোৱা থাকে, সেইকাৰণে এনে লোকক আমি সজ্জন আৰু ভালমানস বুলি কওঁ।

দ্বিতীয় তেওঁলোক, যি কেৱল নিজৰ কথাই ভাৱে, কেৱল নিজৰ উক্ষুতি বিচাৰে, যি নিজে হাঁহে, কিন্তু আনক সদাই কন্দোৱাই। এনে লোকক অব্যৱহাৰিক আৰু দূৰ্জন বুলি কোৱা হয়।

যেতিয়া দুয়ো সংসাৰত জীয়াই থাকে, তেতিয়াহ'লে সজ্জন আৰু ভাল মানসৰ চকুত আশ্ৰু বাগৰে আৰু হৃদয়ত মিঠা স্মৃতি এৰি থৈ যায়, যি কাৰণে মানুহে তেওঁলোকক

সদাই মনত ৰাখে।

আনটো ফালে যেতিয়া কোনো অব্যৱহাৰিক আৰু দূৰ্জনে সদাইৰ বাবে এইখন সংসাৰত জীয়াই থাকে, তেতিয়া মানুহে হাঁহি, হাঁহি কয়-ভালেই হ'ল, পাপ দূৰ হ'ল।

মৃত্যুৰ পিছতো যদি মানুহে আপোনাক মনত পেলাওক বুলি ভাৱে, হৃদয়ত ফুল লৈ সুগন্ধ এৰি থৈ যাব বিচাৰে, তেতিয়াহ'লে এনে কাৰ্য কৰক যে আপুনি মৃত্যুৰ পিছতো আতৰি যাব নোৱাৰিব আৰু বছৰ-বছৰ ধৰি আপোনাৰ গুঞ্জন আপুনি শুনা পাব।

আমাৰ ওচৰত বহুতো চাকৰ থাকিব পাৰে, দামী কাৰ থাকিব পাৰে, দেশৰ প্ৰত্যেক মহানগৰত ঘৰ থাকিব পাৰে, কোটি কোটি ব্যৱসায় থাকিব পাৰে। ইয়াৰ অৰ্থ এইটো নহয় যে আমি ধনী হয়। বাস্তৱত ধনী ব্যক্তি তেওঁ হয়-

✓ যিয়ে কাৰোৰে ঋণ লোৱা নাই,

✓ যিয়ে যিমান উপাৰ্জন কৰে, সিমানতেই সন্তুষ্ট থাকে,

✓ যাৰ স্বাস্থ্য সদাই ভালে থাকে,

✓ যিয়ে নিজৰ কামক নিজে কৰাৰ ক্ষমতা ৰাখে,

✓ যি আনৰ ওপৰত নিৰ্ভৰ হৈ নাথাকে,

✓ যি অসহায়ক সহায় কৰে আৰু সেৱা কৰিবলৈ সদাই সাজু থাকে,

- ✓ যিয়ে কোনো দুখীয়াৰ অধিকাৰক নামাৰে,
- ✓ যিয়ে কঠিনৰ পৰা কঠিন পৰিস্হিতিত হাঁহি থাকে,
- ✓ যিয়ে উদাসী আৰু নিৰাশাক ওচৰলৈ আহিব নিদিয়ে।
- ✓ যিয়ে বিছনাৰ আৰু গাৰুত মূৰ থলেই শুই যায় আৰু ৰাতিপুৱা উঠিবৰ বাবে কোনো এলাৰ্মৰ আৱশ্যক নহয়।

বন্ধুসকল, যি কোনো বস্তুৰ ৰুচি থাকে, সেইটো ৰুচিলৈকে সীমিত কৰি ৰাখক, তাৰ গোলাম কেতিয়াও নহ'ব। কাৰণ, যি দিনা ৰুচিয়ে অভ্যাসলৈ পৰিণত হ'ব, সেই দিনৰ পৰা অভ্যাসে আমাক আমাৰ গোলাম কৰি দিব....আৰু মোৰ মতে গোলামৰ জীৱন, কোনো জীৱন নহয়। সেইকাৰণে গোলাম নহয়, চুলতান হৈ জীয়াই থাকক।

আজি সময় তীব্ৰ গতিত পৰিবৰ্তন হৈছে। ডাঙৰ-ডাঙৰ আৱিস্কাৰ হৈছে। ডাঙৰ-ডাঙৰ বিল্ডিং আৰু শ্বপিং মল নিৰ্মিত হৈছে। ঘৰত বহি ইণ্টাৰনেটত ডাঙৰ-ডাঙৰ ব্যৱসায় কৰিছে। লগতে সংযুক্ত পৰিয়াল ভাঙি এক পৰিয়ালত সলনি হৈছে। এই কথাৰ পৰা মোৰ এইটো ভয় লাগে যে এইটো পৰিৱৰ্তনৰ সময়ৰ আগত যদি আমি আমাৰ নতুন চামক সংযুক্ত পৰিয়ালৰ গুৰুত্বক নুবুজাওঁ আৰু নিজৰ সংস্কৃতি আৰু সভ্যতা শিকাই সংস্কাৰী নকৰো, তেতিয়াহ'লে কালিলৈ যেতিয়া এইটো চাম ডাঙৰ হ'ব, তেতিয়াহ'লে নিজৰ বুঢ় মাক-দেউতাকক বৃদ্ধাশ্ৰমৰ ছবি নিশ্চয় দেখুৱাব আৰু কব, এইখন চহৰৰ শ্ৰেষ্ঠ বৃদ্ধাশ্ৰমৰ ভিতৰত এক হয়। আপোনালোকে ইয়াত থাকি ভাল পাবনে বা কোনো অন্য বৃদ্ধাশ্ৰম, সোনকালে ভাৱি কওক, যাতে মই আপোনালোকক তাত থাকিবলৈ যোগাৰ কৰাব পাৰো।

সংসাৰত কোনো ব্যক্তিয়ে মুক্ত মন-মস্তিষ্ক আৰু সুখেৰে আনক নিজতকৈ আগবাঢ়ি, ওপৰলৈ উঠা আৰু উৰ্দ্ধুতি কৰাটো নিবিচাৰে। কিবা নহয় কিবা ৰূপত ঈৰ্ষাৰ ভাৱনাই মনক বিচাৰিত কৰিব ধৰে। শক্তি, শাসন, প্ৰতিষ্ঠা, ধন-সম্পতি আদিত তেওঁ মোতকৈ আগত গুচি গ'ল।

অপবাদ স্বৰূপে কেৱল এক পিতাই এনে হয়, যি নিজৰ সন্তানক নিজতকৈ আগবঢ়া, উচ্চতাৰ শিখৰ, উৰ্দ্ধুতি কৰটো বিচাৰে আৰু সুখেৰে থাকে।

কোৱাৰ তাৎপৰ্য্য এইটো হয় যে প্ৰত্যেক পিতাকে নিজৰ সন্তানৰ বাবে আকাশতকৈ ওপৰত যোৱাটো বিচাৰ।

এইটোৱেই কাৰণ হয় যে তেওঁ নিজৰ সন্তানক ভাল শিক্ষা আৰু সুখ-সুবিধা দিয়াৰ

চেষ্টা কৰে।

সেইকাৰণে আজিকালীৰ সন্তান আৰু যুৱকক মই কব বিচাৰো যে আপুনি আপোনাৰ পাৰ্চত টকা-পইচা বা নিজৰ কোনো বয়ফ্ৰেণ্ড-গাৰ্লফ্ৰেণ্ডৰ ফটো নাৰাখিলেও, কিন্তু নিজৰ পিতাৰ ফটো নিশ্চয় ৰাখক, কৰণ তেওঁ সেই ব্যক্তি হয়, যিয়ে আপোনাৰ ভৱিষ্যতক সজাইছে আৰু আপোনাক যোগ্য কৰি তুলিছে।

প্ৰকৃতিও আমাক শিক্ষা দিয়ে যে গছ বুঢ়া হ'লেও, কিন্তু চুতালত থাকিব দিয়া। কাৰণ, সেই বুঢ়া গছে ফল নিদিলেও, ছাঁ দি থাকিব।

উপলব্ধি পাই বিখ্যাত হোৱাতো সিমান কঠিন নহয়, যিমান কঠিন উপলব্ধি পাইও সৰু হৈ থাকে, নিজৰ ধৰাতলক নেৰে আৰু নিজৰ অস্তিত্বক নাপাহৰে। যদি এইটো গুণ আপোনাৰ গাত আছে, তেতিয়া মানুহে আপোনাক বিচাৰিব আৰু আপুনি সকলোৰে সৰ্বপ্ৰিয় হৈ যাব।

মনত ৰাখিব, উপলব্ধিৰ বতাহ তীব্ৰ গতিত আহে। এইটো যেতিয়া তীব্ৰ গতিত চলে, তেতিয়া মানুহক তলৰ পৰা উঘালি দিয়ে। যি ব্যক্তিয়ে নিজৰ গুৰিৰ লগত থাকে, সোনলী ভৱিষ্যত তেওঁৰ হয়।

যদি আমি ধ্যান দি সংসাৰৰ সকলো লোকক চাওঁ তেতিয়া পাম যে চাৰিওফালে সকলো চুৰ হয়। সকলোৰে মাজত কেৱল ইমানেই পাৰ্থক্য হয় যে যি লোকে বেংক আৰু ৰাজস্বক অলপ পইচা দি, নিৱেশৰ পইচা লুটি, অংশীদাৰীৰ পৰা ছল কৰি আৰু উপভোক্তাক ঠগি ডাঙৰ ডাঙৰ চোৰ আৰু ডকাইত কৰি, তেওঁলোক সকলোৱে ডাঙৰ-ডাঙৰ উদ্যোগপতি হৈ গৈছে আৰু যিয়ে সৰু-সৰু 'চোৰ আৰু ডকাইত' কৰিছে, তেওঁলোকে সৰু-ডাঙৰ ব্যৱসায়ি হৈ গৈছে। যি লোক সকলক চোৰ বা ডকাইত কৰাৰ সুযোগ পোৱা নাই, তেওঁলোক কবলৈ সৎ হৈ গৈছে আৰু তেওঁলোকে নিষ্ঠাৱান বাধ্যত পৰি হৈ গৈছে। এনে অসহায়, দুৰ্বল আৰু বাধ্যত পৰা ব্যক্তি নিষ্ঠাৰে দেশৰ বাদ দিয়ক কোনো অন্য মানুহৰো উক্ষুতি নহ'ব। বাধ্যত পৰি হোৱা নিষ্ঠা আৰু বাস্তৱিক নিষ্ঠাৰ মাজত আকাশ-পাতাল পাৰ্থক্য আছে।

বন্ধুসকল, আল্লামা ইকবাল চাহাবে এক সুন্দৰ কথা কৈছে-'ধৰ্মই পৰস্পৰৰ মাজত ভেদা-ভাব নিশিকাই।'

ইকবাল চাহাবে এইটো কথা এনেয়ে কোৱা নাই, তেওঁ বহুত ভাৱিছিল সম্ভৱ। ৰামৰ বিষয়ে ভাৱিছে বোধহয়, ৰহীমৰ বিষয়ে নিশ্চয় ভাৱিছে। কুৰান পঢ়িছে যেতিয়া ভাগৱতংগীতাও নিশ্চয় পঢ়িছে সম্ভৱ, তেতিয়াহে গৈ এইটো নিস্কৰ্ষ উলিয়াব পাৰিলে।

অৱশ্যে যদি আমি অলপ বিচাৰ কৰো আৰু পৱিত্ৰ ৰমজানক ইংৰাজী ভাষাত লিখো তেতিয়াহ'লে আমি লিখম – **RAMZAN**

এতিয়া আপুনি দেখা পাব যে ৰমজানৰ মাহ মুছলামত সকলোতকৈ পৱিত্ৰ বুলি মানা যায় আৰু তাৰ আৰম্ভণিতেই **RAM** ৰ পৰা হৈছে।

ইফালে হিন্দু ধৰ্মত **DEEPAWALI** তকৈ ডাঙৰ আৰু পৱিত্ৰ কোনো উৎসৱ নাই আৰু ইয়াৰ অন্তত আলি (**ALI**) আছে।

যেতিয়া ৰমজানক ৰাম আৰু দেৱালীত আলি লুকাই আছে, সেইবিলাকে আমাক প্ৰেম, আৰু একতাৰ শিক্ষা দিয়ে, তেতিয়াহ'লে কিহৰ ভেদা-ভাৱ ? কেনেকুৱা ভেদা-ভাৱ আৰু কাৰ

লগত ?

বন্ধুসকল কোৱা তাৎপৰ্য এইটো হয় যে-

যদি ৰামৰ ভক্ত আৰু ৰহীমৰ ভক্তই এইটো কথাক অলপ বুজি পাই আৰু অলপ বুজা-পৰাৰে কান্ধত-কান্ধ মিলাই আগবাঢ়ে আৰু কাম কৰে, তেতিয়াহ'লে আমাৰ এইখন দেশ বিশ্বৰ সকলোতকৈ দেশতকৈ শক্তিশালী, শান্তি আৰু সুন্দৰ হ'ব পাৰে।

মনত ৰাখিব-

প্ৰত্যেক দেশৰ সঠিক পৰিচয় তাৰ নাগৰিক হয়। নাগৰিকৰ মানসিকতা আৰু তেওঁলোকৰ কৰ্মৰ চিধা প্ৰভাৱ অস্মিতাৰ ওপৰত পৰে।

আমি কোনো ধৰ্মৰ অনুযায়ী হয়, যি কোনো ভাষা-ভাষী হয়, আমি সকলোৱে মিলি-জুলি প্ৰেমভাৱেৰে থাকিব লাগে। ইয়াতেই আমাৰ নিজৰ আৰু সমাজ আৰু সম্পূৰ্ণ দেশৰ উন্নতি নিহিত আছে।

প্ৰেম দিয়া, প্ৰেম লোৱা, সংসাৰৰ আগত দেশৰ সন্মান গৌৰৱেৰে ওপৰলৈ উঠিব!

বয়স বাঢ়ি যোৱাৰ লগতে শাৰীৰিক দোষো বাঢ়িব ধৰে। শেষত এনে সময়ো আহে যে মনুষ্যক অনুতাপ কৰিব লগীয়া হয় যে তেওঁ সুস্থ হৈ থাকোতে এইটো কাম কৰি লোৱাহেঁতেন ভাল আছিল। সেইকাৰণে-

আমাৰ কাণ কলা হৈ যায়, তাৰ আগতে যি ভাল শুনাৰ যোগ্য হয় সেইটো শুনিব লাগে।

চকুৰ দৃষ্টি কমি যায়, তাৰ আগতে যি ভাল পঢ়াৰ আৰু চোৱাৰ যোগ্য হয়, সেই সকলো আমি চাব লাগে আৰু পঢ়িব লাগে।

মাত বন্ধ হৈ যায়, তাৰ আগতে যিমান হ'ব পাৰে, মিঠা আৰু ভাল কথা কব লাগে।

হাত কঁপি উঠে অথবা কাম নকৰা হৈ যায়, তাৰ আগতে যিমান হ'ব পাৰে, আমি

দান-পুণ্য আৰু সৎকাম কৰি লব লাগে।

ভৰি লেঙেৰা হৈ যায়, তাৰ আগতে আমি দৌৰি-দৌৰি সকলো ভাল কাম কৰি লব লাগে।

মস্তিষ্কই ভৰা-চিন্তা কৰা ক্ষমতা হেৰুৱাই দিয়ে, তাৰ আগতে আমি পৰমপিতা পৰমেশ্বৰক মনত পেলাই তেওঁৰ অনুকম্পা প্ৰাপ্ত কৰি লব লাগে।

কিছুমান লোকে কয় যে টকা-পইচা হাতৰ লগত মিল আছে, কিন্তু মই টকা-পইচাক ইমান ডাঙৰ গালি কেতিয়াও নিদিওঁ। কাৰণ-

- টকা-পইচাৰ মূল্য সেই ভোকাতুৰক সোধক, যি নিজৰ আৰু নিজৰ পৰিয়ালৰ বাবে ভোজনৰ যোগান ধৰিব নোৱাৰে।
- টকা-পইচাৰ মূল্য সেই অঘৰীক সোধক, যিয়ে টকা পইচা নোহোৱাৰ কাৰণে নিজৰ বাবে ঘৰৰ মুধচো নিৰ্মাণ কৰিব নোৱাৰে।
- টকা-পইচাৰ মূল্য সেই নিৰ্ধন পুত্ৰক সোধক, যি নিজৰ ৰোগী মাক-পিতাকৰ বাবে দৰৱ কিনিব নোৱাৰে।
- টকা-পইচাৰ মূল্য সেই দুখীয়ক সোধক, যি হৃদয় কঁপি যোৱা ঠাণ্ডাত নিজৰ আৰু নিজৰ পৰিয়ালৰ বাবে গৰম কাপোৰ কিনিব পৰা নাই।

জীৱনৰ বাবে যিদৰে উশাহৰ আৱশ্যক, তেনেদৰে আৱশ্যক পইচাও। পইচাৰ অবিহনে জীৱন বোজা হৈ পৰে। সেইকাৰণে কেতিয়াও পইচাক অপমান কৰিব নালাগে আৰু কেতিয়াও গালী দিব নালাগে। জীৱনত এটা-এটা টকা মূল্যৱান হয়, সেইকাৰণে সদাই পইচাৰ সম্মান কৰক, অপমান নকৰিব।

যি সহজ কাৰ্যক আমি এতিয়া কৰিব পাৰো, সেইটো যদি আমি পিছলৈ থৈ দিওঁ, তেতিয়া এদিন সেই সহজ কামো সংগ্ৰহ কৰাটো ইমান বাঢ়ি যাব, যিটো কৰিবৰ বাবে আমি বহুত পৰিশ্ৰম কৰিব লগীয়াত পৰিব আৰু তেতিয়া বোধহয় তাতকৈ বহুত গুৰুত্বপূৰ্ণ কাৰ্যক আমি হেৰুৱাব লগীয়া হ'ব, যাৰ কাৰণে আমি অনুতাপ কৰিব লগীয়া হ'ব পাৰে। সেইকাৰণে আজিৰ কামক কালিলৈৰ বাবে নথব, কাৰণ সময়ৰ গতিত কালিলৈ কেতিয়াও নাহে।

চুবুৰীয়াৰ লগত কেতিয়াও শত্ৰুতা ভাব নাৰাখিব, কাৰণ আমি সকলোৱে মিত্ৰৰ অবিহনে থাকিব পাৰো, কিন্তু চুবুৰীয়াৰ বিনা থাকিব নোৱাৰো। সেইকাৰণে চুবুৰীয়াৰ সুখ-দুঃখত সদাই সহভাগী হওক। আপুনি যেতিয়াই ভোজন কৰে, তেতিয়া এইটো কথা ধ্যান দিয়ক যে আপোনাৰ চুবুৰীয়া ভোকত থকা নাইতো। যদি আজি আপোনাৰ চুবুৰীয়াৰ ঘৰত কিছু নিমখ দিয়ে, তেতিয়া কালিলৈ চুবুৰীয়াৰ ঘৰৰ পৰা মিঠাই নিশ্চয় আহিব। কোনোবাই ঠিকেই কৈছে যে যদি চুবুৰীয়াৰ ঘৰত জুই লাগিলে, তেতিয়া বুজি পাব লাগে যে আপোনাৰ ঘৰত সম্পত্তিও বিপদত পৰিছে। চুবুৰীয়াৰ ঘৰৰ বিপদ কমি গ'লে, ভাবিব লাগে যে আপুনিও সুৰক্ষিত। নিজকে সুখেৰে চাব বিচাৰে, তেতিয়াহ'লে চুবুৰীয়াকো সুখেৰে চোৱাৰ অভ্যাস কৰাওক।

যদি কোনো ইঞ্জিনীয়াৰ ভ্ৰষ্ট হয়, তেতিয়াহ'লে আমি কব পাৰো যে কিছুমান বিল্ডিং সময়ৰ আগতেই ভাঙি যাব। যদি কোনো ডাক্টৰ ভ্ৰষ্ট হয়, তেতিয়াহ'লে আমি কব পাৰো যে কিছুমান লোক এনেয়ে মৰি যাব আৰু যদি কোনো অধ্যাপক ভ্ৰষ্ট হয়, তেতিয়াহ'লে ইয়াত কোনো সন্দেহ নাই যে ভৱিষ্যতৰ প্ৰজন্ম একেবাৰে নষ্ট হৈ যাব। যদি আমাৰ দেশৰ ভৱিষ্যত কাৰোবাৰ হাতত আছে, তেতিয়াহ'লে কেৱল অধ্যাপক আৰু শিক্ষকৰ হাতত আছে, কাৰণ তেওঁলোকৰ ওচৰতেই আমাৰ নৱ প্ৰজন্মই শিক্ষা লয়। ইয়াম মই এইটো কব বিচাৰো যে আমাৰ দেশৰ প্ৰত্যেক শিক্ষকে যদি এইটো ভাৱি লয় যে 'আমি আমাৰ সকলো ছাত্ৰ-ছাত্ৰীক ভাল শিক্ষা, সভ্যতা, সংস্কাৰ আৰু ভাল আচৰণ শিকাম', তেতিয়াহ'লে মই দাবী কৰি কব

পাৰো যে আমাৰ দেশক বিশ্বৰ সৰ্বশ্ৰেষ্ঠ, শক্তিশালী আৰু গুণী বিশ্বৰাষ্ট্ৰ বুলি কব।

কিন্তু !

আজিকালী যি দৰে ধৰ্মৰ নামত শিক্ষাৰ ধ্ৰুৱীকৰণ হৈ আছে, সেইটোক যদি শুধৰোৱা নাযায়, তেতিয়াহ'লে যেনেদৰে শিশু মন্দিৰ তথা মদৰসত শিক্ষাৰ নামত শিশুৰ মগজুত বিষ ভৰাই দিছে, সেইটো ভৱিষ্যতৰ বাবে বিপদৰ প্ৰতিধ্বনি হয়।

ভৱিষ্যতে যেতিয়া এইটো প্ৰতিধ্বনি বাজিব, তেতিয়া যুৱক হোৱা এই শিশু কান্দিব, তেওঁলোকৰ লগতে আইন, সমাজ তথা দেশেও কান্দিব।

মুনি ● তৰুণ

মনোবৈজ্ঞানিকে কয় যে স্বাস্থ্যৰ বাবে হঁহাটো যিমান আৱশ্যক হয়, সিমানেই কন্দাটোও আৱশ্যক হয়। সেই চেহেৰা কি হয়, য'ত কেতিয়াও হাঁহি নাথাকে, য'ত কেতিয়াও অশ্ৰু নাবাগৰে। আজি আমাৰ মন-মস্তিষ্ক আৰু হৃদয় সেইকাৰণে গধূৰ হৈ গৈছে, কাৰণ আমি সকলোৱে কান্দিবলৈ আৰু হাঁহিবলৈ বন্ধ কৰি দিছো। হাঁহিলে চেহেৰা খুলি নুঠে আৰু কান্দিলে চকুত পানী নহয়। সেইকাৰণে বন্ধুসকল, মই এইটো কম যে যদি কেতিয়াবা যদি আপোনাক হাঁহিবলৈ মন যায়, তেতিয়া মনৰ পৰা হাঁহক আৰু যেতিয়া কান্দিবলৈ মন যায়, তেতিয়া মন খুলি কান্দক। ইয়াৰ পৰা চকুৰ ধূলি দূৰ হ'ব আৰু মন-মস্তিষ্ককো শান্তি পাব।

আমাৰ জীৱনত টকা-পইচাৰ নিজৰ মূল্য আছে, যাক আমি নাকচ কৰিব নোৱাৰো, কিন্তু আধ্যাত্মিকতা, নৈতিকতা আৰু অন্য সম্বন্ধকো নাকচ কৰিব নোৱাৰো। ইয়াত মই এইটোও নিশ্চয় কব বিচাৰো যে টকা-পইচাৰ বাবে আমি আমাৰ আত্মীয়ক এৰি দিব নালাগে।

বন্ধুসকল, টকা-পইচাৰ এক সাধন আছে যাৰ সহায়েৰে আপুনি অনেক মিত্ৰ তথা আৰামদায়ক বস্তু প্ৰাপ্ত কৰিব পাৰে কিন্তু এইটো পাহৰিব নালাগে যে-

পইচা হাতত থাকিলে সকলো সম্বন্ধ হৈ যায়, কিন্তু দুখীয়াৰ মাজত বিশেষ সম্বন্ধ থাকিলে ভাঙি নাযায়।

সেই সম্বন্ধই কি হয়, যিটো ভাঙি যায় কেইবা টকা-পইচাৰ কাৰণে, কাৰণ টকা-পইচা আচল ধন নহয়, কেৱল ধনৰ অনুভৱ হয়।

যদি আপুনি বিচাৰে যে আপোনাৰ ঘৰ-পৰিয়ালত সুখ-শান্তি বজাই ৰাখিব বিচাৰে, তেতিয়াহ'লে ভুলতো আপোনাৰ ঘৰলৈ জ্যোতিষি আৰু তান্ত্ৰিকক আহিব নিদিব। কাৰণ যি ঘৰত জ্যোতিষি আৰু তান্ত্ৰিক অহা আৰম্ভ কৰি দিয়ে, সেইখন ঘৰৰ শান্তি ভংগ হৈ যায় আৰু যি ঘৰত শান্তি নাথাকে, তাৰ পৰা সকলোতকৈ প্ৰথমে লক্ষ্মী গুচি যায়। লক্ষ্মী গুচি যোৱাৰ পিছতেই কঠিন পৰিস্থিতি আৰু সমস্যাই ঘেৰি ধৰে। যদি কাৰোবৰ ঘৰত এবাৰ কোনো জ্যোতিষিৰ প্ৰৱেশ হৈ যায়, তেতিয়া বুজিব লাগে যে সমস্যা বাঢ়িব। সাধাৰণতে ঘৰৰ মহিলাই সকলোতকৈ প্ৰথমে এনে পাষণ্ড আৰু বেয়া চকুত চোৱা জ্যোতিষি আৰু তান্ত্ৰিকৰ মাজত ফচি যায়।

দুঃখৰ কথা এইটো হয় যে আজিকালী বিভিন্ন বাতৰিকাকত আৰু আলোচনীত কপত জ্যোতিষি আৰু তান্ত্ৰিকৰ পাষণ্ড-

লীলাৰ বিষয়ে প্ৰকাশ পাই থাকে।

দৰ্শকৰ মাজত জাগৰুকতা জগোৱাবৰ বাবে সকলো নিউজ চেনেলেও এনে খবৰৰ মুখ্যতা প্ৰচাৰিত কৰে, ইয়াৰ সত্ত্বেও ধৰ্মভীৰু তথা অন্ধবিশ্বাসত ফচি থকা লোকৰ কাণত নুসোমাই। আৰ্থিক-শাৰীৰিক শোষণ, ভয়াদোহন (ব্লেকমেইলিং), ঠগ-বাজী, আদি দোষত কোনো এক জ্যোতিষি অথবা তান্ত্ৰিক ধৰা পৰে, তেতিয়া সন্মুখলৈ সকলো দুষ্গ্ৰাহক দূৰ কৰা বা তান্ত্ৰিক শক্তিৰে চিকিৎসা কৰি দোকান খুলি লয় আৰু মানুহক লুটিবলৈ প্ৰস্তুত হৈ যায়।

ঘৰত সুখ-শান্তি বজাই ৰখা, গাঢ়িক লুটাৰ পৰা বচোৱা, পত্নী, ভনী, পুত্ৰী বা বোৱাৰীৰ সন্মানক বজাই ৰাখিব বিচাৰে, তেতিয়াহ'কে বেয়া চৰিত্ৰৰ জ্যোতিষি, তান্ত্ৰিকক ঘৰৰ দোৱাৰ দলিলৈ আহিব নিদিব।

৯৩৬ • ৩৫

যদি আপুনি আত্মবিশ্বাসেৰে নিজৰ প্ৰতিভা, যোগ্যতা, ক্ষমতা আৰু গুণৰ প্ৰয়োগ কৰি বুজা-পৰাৰ লগত পৰিশ্ৰম নকৰে, তেতিয়া আপুনি এক সাধাৰণ ব্যক্তি হৈ থাকিব। কৃপা কৰি মনত ৰাখিব, সফলতা বুজা-পৰাৰ লগত পৰিশ্ৰম পৰিলেহে পায়।

ভাগ্যৰ লিখনি আৰু ঈশ্বৰৰ শাসনৰ ওপৰত বিশ্বাস ৰখা সকলে মানে যে মনুষ্যক জীৱনত যিমান সুখ-দুঃখ পাই, সেইটো মিলি-জুলি থাকিব। মনুষ্যই বিচাৰিলেও সুখৰ অৱধিক বঢ়াব নোৱাৰে আৰু দুঃখক কমাব নোৱাৰে। ভাগ্যৰে অধিক আৰু সময়ৰ পূৰ্বে কাৰোবক একো নাপাই, আৰু নাপাব। লাগিলে সেইটো সুখ হওক বা দুঃখ। দুঃখক লৈ ভয় কৰা সকলে এইটো জানি লওক যে, যি দৰে মিঠাৰ লগত নিমখীয়া আৱশ্যক হয়, তেনেদৰে সুখৰ লগত দুঃখ হোৱাটো আৱশ্যক হয়।

যদি জীৱনত দুঃখ নাথাকে, তেতিয়াহ'লে মানুহে সুখৰ সত্য অনুভৱ কৰিব নোৱাৰিব আৰু কেতিয়াও পৰমপিতাক মনত পেলাব নোৱাৰিব। সাধাৰণতে দেখা গৈছে যে পৰমপিতা পৰমাত্মাক সংকটৰ সময়ত অধিক মনত পেলাই, সুখৰ দিনত প্ৰায় তেওঁক পাহৰি যায়। এনে স্বাৰ্থপৰ লোকৰ প্ৰাৰ্থনা ঈশ্বৰে কেতিয়াও নুশুনে।

যেতিয়ালৈকে আপুনি আপোনাৰ অতীতৰ ভুল, বাধা, সমস্যা আৰু সফলতাৰে শিক্ষা লৈ গোটেই শক্তিৰে নতুন জীৱনৰ আৰম্ভ নকৰে, তেতিয়ালৈকে আপুনি সফলতা নাপাব।

মনত ৰাখিব, প্ৰত্যেক সফলতাৰ কাহিনী অসফলতাৰে আৰম্ভ হয়।

আজি আমাৰ দেশৰ অৱস্থা, দেশ স্বাধীন হোৱাৰ পূৰ্বতকৈ অধিক বেয়া হৈ গৈছে। কাৰণ, আজি আমাৰ দেশৰ শাসন আগৰ দৰে কোনো দেশভক্ত নেতা নাই, যি কাশ্মীৰৰ পৰা কন্যাকুমাৰীলৈকে নাগৰিকক দেশভক্তি আৰু একতাৰ ডুলেৰে বান্ধিব পাৰে। কোনো মিত্ৰ-দলৰ সহযোগেৰে চকী পাব বিচাৰে, তেতিয়া কোনো ধৰ্ম, জাতি, ভাষাৰ বিষ দি আছে। কিছুমান ধূৰ্ত শিয়ালে শিয়ালৰ মুখা পিন্ধি ভোট বিচাৰিব আহে। যদি ভুলতে কোনো ভাল ব্যক্তিয়ে নিৰ্বাচনত জয়ী হয়, তেতিয়া তেওঁক নিজৰ চকু বন্ধ আৰু মুখত লেকাম লগাই থাকিব লগীয়া হয়। ফলস্বৰূপে তেওঁ নিজৰ ক্ষেত্ৰৰ বিকাশত সফল হ'ব নোৱাৰে আৰু দেশ বা ৰাজ্যৰ বিকাশত সহায়ক হ'ব নোৱাৰে। নিজৰ আৰু দেশৰ উক্ষুতি যদি বিচাৰে, তেতিয়াহ'লে সদাই ভাল নেতা আৰু ভাল চৰকাৰ নিৰ্বাচন কৰক।

পৰিবৰ্তন আমাৰ জীৱনৰ বাবে আৱশ্যক, যদি আমাৰ জীৱনত পৰিৱৰ্তন গুৰুত্বপূৰ্ণ নহয়, তেতিয়াহ'লে আমি আজিও পুৰাতনৰ জীৱন জীয়াই থাকিলোহেঁতেন। সময়ৰ লগত যি লোকে সলনি নহয়, ইতিহাস সাক্ষী আছে যে সেই লোক সকল নষ্ট হৈ গৈছে বা পিছ পৰি গৈছে।

যি কোনো বস্তু, কাম বা কথাক চোৱা, বুজি পোৱা আৰু ধৰিব পৰাৰ প্ৰত্যেক ব্যক্তিৰ নিজৰ দৃষ্টি আছে। যিয়ে যেনেদৰে ভাৱে, তেওঁক তেনেকুৱা দৃষ্টি আছে। কিছুমান লোকক সকলো ফালে সমস্যা দেখা পাই, আৰু কিছুমান লোকক চাৰিওফালে সুযোগ দেখা পাই। কিছুমান লোকক গোপালৰ পুলিৰ কাঁইট দেখা পাই আৰু কিছুমান লোকক ফুল দেখা পাই। মোৰ কোৱাৰ তাৎপৰ্য্য এইটো হয় যে আমি আমাৰ গোটেই জীৱন আমাৰ ভাৱনাৰে নিৰ্মিত কৰো। আমি যেনেদৰে ভাৱো, তেনেদৰেই আমি দেখা পাওঁ। যেনেকুৱা আমি দেখা পাওঁ, তেনেদৰে কাৰ্য কৰো, তেনেকুৱা ফল পাওঁ। ভাল কৰিলে ভাল পাব। বেয়া কৰিলে, বেয়া পাব। সেইকাৰণে ভাল কথা ভাৱা, কাম কৰা কৰা আৰু ভাল ফল পোৱা।

যদি আমি আমাৰ গাত প্ৰতিভা, গুণ আৰু যোগ্যতা আছে, তেতিয়াহ'লে আপোনাক আপোনাৰ মুখেদি কোৱাৰ প্ৰয়োজন নহয়। আপুনি কেৱল আপোনাৰ বুজা-পৰাৰ লগত গোটেই আত্মবিশ্বাসেৰে আপোনাৰ প্ৰতিভা, গুণ আৰু যোগ্যতাৰ প্ৰদৰ্শন কৰি থাকক। মানুহে স্বতঃ আপোনাৰ গুণেৰে পৰিচিত হৈ যাব। কেৱল আপোনাৰ গুণতেই পৰিচিত নহ'ব, বৰং আপোনাৰ গুণগানো কৰিব।

সংসাৰত যি কোনো ডাঙৰ সফলতা আৰু ডাঙৰ পৰিণাম সহজ কাম কৰিলে নাপায়। ডাঙৰ সফলতা বা ডাঙৰ পৰিণাম বিচাৰিলে, আপুনি ডাঙৰ-ডাঙৰ কাম কৰিব লাগিব, ডাঙৰ-ডাঙৰ যুদ্ধ কৰিব লাগিব-

কেতিয়াবা নিজৰ লগত,
কেতিয়াবা আনৰ লগত,
কেতিয়াবা সমাজ বা ব্যৱস্হাৰ লগত।

এতিয়া আপুনি নিজে ভাবি কওক যে আপুনি ডাঙৰ সফলতা আৰু ডাঙৰ পৰিণাম পাব বিচাৰেনে ?

যদি আপোনাৰ উত্তৰ 'হয়' হয়, তেতিয়াহ'লে আপুনি এইটো নাচাব যে আপোনাৰ কাৰ্য কিমান কঠিন হয়। আপুনি কেৱল এইটো চাওক যে ডাঙৰ সফলতা আৰু ডাঙৰ পৰিণামে আপোনাৰ অপেক্ষা কৰি আছে। গতিকে আলস্য এৰক আৰু আত্মবিশ্বাসেৰে জীৱনক আৰম্ভ কৰক আৰু সফল কৰক।

যদি সঁচাকৈ আপুনি বহুত দায়িত্ব উঠাই আছে, তেতিয়াহ'লে বিশ্বাস কৰক, ভগৱানে আপোনাক ইমান ক্ষমতা আৰু যোগ্যতা দিয়ে যে আপুনি আৰু এটা দায়িত্ব লব। কোৱাৰ অৰ্থ এইটো হয় যে হঠাতে অহা দায়িত্বৰ পৰা আতৰি নাযাব। অন্য দায়িত্বৰ দৰে সেইটোক হাঁহি আৰু আনন্দৰে স্বীকাৰ কৰক। আপুনি সেইটোক পালন কৰিবৰ বাবে আগবাঢ়িব, তেতিয়া ঈশ্বৰেও আপোনাক সহায় কৰিবৰ বাবে দশখন দোৱাৰ খুলি দিব।

সংসাৰত যদি আমি বিশ্বাস কৰিব লাগে, তেতিয়াহ'লে কেৱল পৰমপিতা পৰমাত্মাৰ ওপৰত, কাৰণ আমি সকলোৱে পৰমপিতা পৰমেশ্বৰৰ সন্তান হয় আৰু কোনো পিতাকে নিজৰ সন্তানৰ বেয়া হোৱাতো নিবিচাৰে।

এইখন সংসাৰত পোৱা সা-সম্পত্তি আৰু সমৃদ্ধিৰ কোনো ভৰসা নাই!

সা-সম্পত্তি হাতৰ মইলা হয়, সমৃদ্ধি তিলস্মী ৰ'দ-ছাঁ হয়। আজি আমাৰ হাতত আছে, কালিলৈ আনৰ ওচৰত থাকিব।

কোৱা হয় যে যিয়ে সা-সম্পত্তি আৰু সমৃদ্ধিৰ ওপৰত ভৰসা কৰে, তেওঁলোকে শেষত কান্দে আৰু অনুতাপ কৰে। চিকন্দৰ যেতিয়া মৃত্যু হৈছিল তেতিয়া তেওঁ বিচাৰিছিল যে তেওঁ কফিনৰ পৰা বাহিৰত খালি হাতত মৰাশালীলৈ লৈ যাব লাগে, যাতে মানুহে চাব পাৰে যে তেওঁ খালি হাতত এইখন সংসাৰলৈ আহিছিল আৰু খালি হাতত এইখন সংসাৰৰ পৰা গৈ আছে।

কব নোৱাৰো আজিকালী মানুহে সত্য, নিষ্ঠা আৰু মানৱীয়তাৰ পৰিৱৰ্তে ইটা, বালি, চিমেণ্টৰ মূল্যক আগত স্হান দিছে। বোধহয় তেওঁলোকে এইটো পাহৰি যে সত্য, নিষ্ঠা আৰু মানৱতাৰ মন্দিৰ যদি এবাৰ ভাঙি যায়, তেতিয়াহ'লে ইয়াক আকৌ এবাৰ নিৰ্মাণ কৰিব পৰা ক্ষমতা কাৰোৰে হাতত নাই।

প্ৰায়ে মানুহে সৰু-সুৰা অসফলতা পোৱাৰ পিছত হাৰ মানি নিৰাশ হৈ যায়। সেই লোক সকলে এইটো কঠোৰ সত্যক বুজিবলৈ প্ৰয়াস নকৰে যে সফলতা আৰু অসফলতা জীৱনৰ কৰ্মৰ অংশ হয়। তেওঁলোকে সেইটো কাৰণক বিচাৰিবলৈ চেষ্টা নকৰে, যি কাৰণেৰে তেওঁলোক অসফল হৈছে। যদি সেই লোক সকলে অসফলতাৰ কাৰণক বিচাৰি তাত শুধৰাই বুজা-পৰাৰে প্ৰয়োগ কৰি প্ৰয়াস কৰে, তেতিয়াহ'লে নিশ্চিত ৰূপেৰে সেই লোক সফল লোকৰ শ্ৰেণীত আহি যাব।

কিছুমান লোকে নিজকে ভাগ্যহীন বুলি ভাবে। সেই লোকক এনে লাগে যে ঈশ্বৰে তেওঁলোকৰ ভাগ্য শুকান খৰিৰে লিখিছে, সেইকাৰণে এইখন সংসাৰত তেওঁলোকৰ কোনো মূল্য নাই। নিৰাশ আৰু হতাশ হোৱা এনে লোকে সফলতা প্ৰাপ্তিৰ বাবে কোনো চেষ্টা নকৰে আৰু যদি কৰিলেও আধৰুৱা মনত। পৰিণামত তেওঁলোকে অসফলতা পায়।

সাধাৰণতে মানুহে এই অসফলতাৰ সকলো দোষ নিজৰ ভাগ্যক দিয়ে। ভুলতো সেই লোক সকলে এইটো নাভাৱে যে তেওঁলোকে নিজৰ কাৰ্যক পুৰা মন, বুজা-পৰা আৰু বিশ্বাসেৰে কৰা নাই আৰু যদি কিছু কৰিছেও, তেতিয়াহ'লে তাত বহুতো ভুল থাকে।

অতীতৰ ভুলৰ পৰা শিক্ষা লৈ যদি তেওঁলোকে নিজৰ ভুলক শুধৰাই লয়, আৰু বিশ্বাসেৰে পুৰা মন আৰু বুজা-পৰাৰে কাৰ্য কৰে, তেতিয়াহ'লে সংসাৰৰ কোনো শক্তিয়ে তেওঁলোকক সফল হোৱাৰ পৰা ৰখাব নোৱাৰে।

আজৰি সময়ত নিজৰ সৰু-সুৰা আৱশ্যকীয় কাৰ্যক পূৰ্ণ কৰি লোৱাটো বুদ্ধিমান হয়। কাৰণ, যি সৰু-সুৰা আৱশ্যকীয় কাৰ্যক আমি সহজতে আমাৰ খালি সময়ত পূৰ্ণ কৰিব পাৰো, সেই বিলাক কাম যদি আমি আজৰিৰ সময়ত নকৰো, তেতিয়াহ'লে সময় আহিলে সেই কাৰ্যক কৰাত বোধহয় আমি সময় নাপাম।

বন্ধুসকল, সময় বহুত মূল্যৱান বস্তু হয়। পাৰ হোৱা সময় আকৌ উভতি নাহে, সেইকাৰণে নিজৰ সকলো কাম সময়ত কৰাৰ অভ্যাস কৰক।

কিছুমান লোকে নিজৰ জীৱনত কেৱল সেইকাৰণে অসফল হয়, কাৰণ তেওঁলোকৰ গোটেই ধ্যান কেৱল এইটো কথাৰ ওপৰত লাগি থাকে যে তেওঁলোকক অধিক কেনেদৰে আৰু কি কব লাগে। তেওঁলোকে আনৰ কথা শুনিবলৈ চেষ্টা নকৰে আৰু কেতিয়াও আনৰ কথা নুশুনে। তেওঁলোকৰ কেৱল এটা উদ্দেশ্য আছে- বেছি কথা কোৱা।

এনে লোকক সদাই অৰ্থহীন কথা কৈ ভাল পায়। তেওঁলোকে এইটো কেতিয়াও নাভাৱে এনে কৰিলে তেওঁলোকে কেৱল নিজৰ লোকচান কৰে।

হেজাৰ-হেজাৰ বছৰৰ পৰা এইটো কথা কোৱা গৈছে আৰু সময়ৰ গতিত সদাই সত্য প্ৰমাণিত হৈছে যে-

মনুষ্যই যেনে কৰ্ম কৰে, তেনে ফল পায়। সেইকাৰণে নিজৰ মন, বিচাৰ, কাৰ্য আৰু আত্মাত এনে কাৰ্ম কৰিব নালাগে যাতে ইয়াৰ বেয়া পৰিণামত কান্দিব লগীয়া হয়।

কিছুমান লোকে সদাই নিজৰ দুখীয়া হোৱাৰ কাৰণে কান্দে। বোধহয় আপুনিও এনে লোক পাইছে যিয়ে কয় তেওঁলোকৰ ওচৰত দুবেলা-দুমুঠি খাবলৈ ভাল ভোজন নাই। বোধহয় এনে লোকে গম নাপাই যে তেওঁলোকতকৈ অধিক দুখীয়া সেই লোক সকল হয়, যাৰ ওচৰত বহুত ধন আছে, কিন্তু ডাক্টৰে তেওঁলোকক খাবলৈ মানা কৰে। এনে লোকক দেখি মনক শান্তনা দিয়ক আৰু ঈশ্বৰৰ ধন্যবাদ দিয়ক যে, তেওঁ আপোনালোকক এইটো যোগ্য কৰিছে যে শুকান হ'লেও, কিন্তু কোনো সমস্যা নপৰি জীয়াই থাকিব পাৰিছে।

ड्री द हं

সকলোৰে লাগে কোনো ভুল হ'লে আমি তেওঁৰ ভুলক চকু দিব নালাগে আৰু চেষ্টা কৰিব লাগে যে আমি তেওঁক তেওঁৰ ভুলৰ অনুভৱ নকৰাই, সঠিক পথ দেখুৱাব লাগে। কাৰণ, ভুল সকলোৱে নকৰিলে কোনো কৰিব।

যদি আপোনাৰ পৰা কোনো ভুল হৈ যায় তেতিয়া ভয় নকৰিব। ভুল তেওঁলোকৰ হয় যিয়ে কিছু কৰিবলৈ চেষ্টা কৰে। যি লোকে কয় যে তেওঁ কেতিয়াও ভুল কৰা নাই, তেওঁলোকৰ বাবে মোৰ মতে তেওঁলোকে কোনো কাৰ্য কৰাই নাই সম্ভৱ। গতিকে মই সদাই এইটো পৰামৰ্শ দিম যে যদি আপুনি কোনো ভুল কৰে, তেতিয়াহ'লে সেইটো ভুলক মনৰ পৰা স্বীকাৰ কৰক, ভয় নকৰিব।

ভুল কৰক, এশ বাৰ কৰক, হেজাৰ বাৰ কৰক, কিন্তু নিজৰ ভুলক পুনৰ নকৰিব। পুৰনা ভুলক শুধৰাই নতুন প্ৰয়াস কৰক আৰু সেই নতুন প্ৰয়াস যদি আপুনি কোনো নতুন ভুল কৰে, তেতিয়াহ'লে সেইটো আপোনাৰ ভুল নহয়, আপোনাৰ শুধৰণি, প্ৰগতি, আৰু উৎকৃতিৰ চিৰি হ'ব।

ব্যৱহাৰিকতাৰ অৰ্থ হ'ল-

- এনে কাৰ্য কৰক, যৰ পৰা আনক হৃদয় জয় কৰি লয়,
- আপোনাৰ বাণীৰ পৰা এনে শব্দ কওক, যিটো শুনা ব্যক্তিক ভাল লাগে,
- এইদৰে সহযোগ কৰিব লাগে, যিটোৱে আনক ঘনিষ্ট অনুভৱ কৰোৱাই,
- সন্মুখৰ জনক এনে অনুভৱ কৰোৱাব লাগে যাতে তেওঁ আপোনাৰ পক্ষে থিয় হ'ব পাৰে আৰু সদাই আপোনাৰ থিয় হয়।

আজি সংসাৰত কোনো ব্যক্তি সন্তুষ্ট নহয়, সকলোৱে কান্দে-

দুখীয়াই ধনী হ'ব বিচাৰে, অন্য ফালে ধনী মানুহে সুন্দৰ দেখা পাব বিচাৰে।

দুখীয়াক ভোক লাগে, তেওঁলোকে ভাৱে যে কি খোৱা যায়, অন্য ফালে ধনীক ভোক লাগিলে, তেওঁলোকে ভাৱে কি কি খোৱা যায়।

দুখীয়াক ঠাণ্ডা লাগে, তেতিয়া তেওঁলোকে ভাৱে যে কি পিন্ধা যায়, অন্য ফালে ধনীক ঠাণ্ডা লাগিল ভাৱে যে কি কি পিন্ধা যায়।

যুৱকে কয় যে কি কৰো, সময় পোৱা নাই, বুঢ়া মানুহে কয় যে কি কৰো, সময় যোৱা নাই।

যি লোকে আনক নিন্দা কৰে, তেওঁলোক নিজে নিন্দাৰ পাত্ৰ হয়। সেইকাৰণে সমাজেও তেওঁলোকৰ নিন্দা আৰু আলোচনা কৰে। বন্ধুসকল, মনত ৰাখিব, আমি এইটো গম নাপাওঁ যে-

- আনে আমাৰ বিষয়ে কি ভাৱে,
- আমাৰ বিষয়ে আনৰ কি মতা-মত,
- আনেও আমাৰ নিন্দা কৰিব পাৰেনেকি আৰু মনত ৰাখে, তেতিয়াহ'লে কিয় ?

যদি আমি এই সকলো জানি লওঁ, তেতিয়াহ'লে আনক নিন্দা কৰা এৰি দিম।

মনত ৰাখিব, নিন্দা বহুত বেয়া কথা হয়।

যেতিয়া আমি সৰু হৈ আছিলো, নিজে উপাৰ্জন কৰা নাছিলো, তেতিয়া পিতাই আমাৰ সকলো আৱশ্যকতাক পুৰা কৰিছিল। আমি প্ৰত্যেক বছৰে নতুন কাপোৰ পাইছিলো, জেপ খৰচ দিছিল। সময় পাৰ হ'ল। আজি আমি ডাঙৰ হ'লো আমাৰ পিতা বুঢ়া। আজি আমি উপাৰ্জন কৰিব ধৰিছো আৰু আমাৰ পিতাই অসহায়। সেইকাৰণে আমাৰ দায়িত্ব হয় যে আমিও আমাৰ মা-দেউতাৰ ধ্যান ৰাখিব লাগে, তেওঁলোকৰ আৱশ্যকতাক পুৰা কৰিব লাগে, তেওঁলোকৰ বাবে প্ৰত্যেক বছৰে নতুন কাপোৰ দিব লাগে, তেওঁলোকৰ হাতৰ খৰচৰ বাবে কিছু পইচা দিব লাগে আৰু কওক-'পিতা, মোক আশীৰ্বাদ দিয়ক যে এইদৰে মই সদাই মোৰ দায়িত্বক পালন কৰিব পাৰো।' এজন পিতাকে নিজৰ চাৰিজন পুতেকক সহজতে চোৱাচিতা কৰিব পাৰে, অপবাদক এৰিলে আজিৰ ভৌতিকবাদী সমাজত চাৰিজন পুতেকে মিলিও এজন পিতাকক চোৱাচিতা কৰিব নোৱাৰে।

শিশুক শিশু সেইকাৰণে কোৱা হয়, কাৰণ তেওঁলোকৰ গাত শিশুৰ গুণ থাকে। তেওঁলোকে নিজে বাচিব নোৱাৰে, তেওঁলোকক বচাব লগীয়া হয়-

বেয়া পৰিৱেশৰ পৰা....

বেয়া লোকৰ পৰা...

বেয়া দৃষ্টিৰ পৰা....

বেয়া কথাৰ পৰা...

সেইকাৰণে নিজৰ আৱশ্যকীয় কামৰ পৰা অলপ সময় উলিয়াই নিজৰ সন্তানৰ ওপৰত ধ্যান দিয়ক, যাতে তেওঁ বেয়া কামত লিপ্ত হৈ নাযায়। যদি নিজৰ নিজৰ সন্তানৰ বাবে সময় উলিয়াব নোৱাৰে, তেতিয়াহ'লে ভৱিষ্যতে আপুনি অনুতাপ কৰিব লগীয়া হ'ব পাৰে।

সন্তানক জন্ম দি, তেওঁলোকক চোৱাচিতা কৰি, তেওঁলোকৰ আৱশ্যকতাক পুৰা কৰি আৰু তেওঁলোকৰ বিষয়ে চিন্তা কৰিয়েই আপুনি মানৱতাৰ পৰিচয় দিব নোৱাৰে। এইটো কাৰ্য জন্তুয়েও নিজৰ সন্তানৰ বাবে কৰে।

মা-দেউতাক হোৱাৰ অনুসাৰে আপুনি আপোনাৰ সন্তানক কেৱল আঙুলি ধৰি খোৱা কঢ়াই নিশিকাওক, বৰং দেশ-প্ৰেমৰ ভাৱনাও তেওঁলোকৰ ভিতৰত ভৰাওক, ডাঙৰক আদৰ কৰা শিকাওক, সৰুক মৰম কৰা শিকাওক, আনৰ দুঃখত কামত অহা শিকাওক, তেওঁলোকক ভাল সংস্কাৰ দিয়ক। ইমান পঢ়াওক লিখাওক যে মানুহে আপোনাৰ সন্তানৰ ব্যৱহাৰ দেখি মনদৰ পৰা আপোনাৰ বাবে কব-

‘ৱাহ! কিমান ভাল আৰু সংস্কাৰৱান সন্তানৰ মা-পিতা হয়।’

আমি লাগিলে বহুত বুদ্ধিমান, চতুৰ হ'লেও, আমি গুৰু আৰু ডাক্টৰৰ আগত বুদ্ধিমান আৰু চতুৰতা দেখুৱাব নালাগে।

কাৰণ-গুৰু আৰু ডাক্টৰৰ আগত কোনো চতুৰতা নচলে।

গুৰুৰ সন্মুখত মিছা কথা কম তেতিয়া কেতিয়াও আমাৰ শুধৰণি নহ'ব আৰু উন্নতি নহ'ব।

মনত ৰাখিব, গুৰুৰ সন্মুখত মিছা কেতিয়াও নচলে। কিছু ক্ষণতে মিছা কথা ধৰা পৰে, বেইমান বুলি ভাবি তেওঁক জ্ঞান দিবলৈ বন্ধ কৰি দিয়ে।

অন্য ফালে ডাক্টৰৰ সন্মুখত মিছা কথা ক'লে আমাৰ ৰোগৰ নিদান নহ'ব। যেতিয়া আমি ডাক্টৰক আমাৰ সমস্যাৰ বিষয়ে নকওঁ, তেতিয়াহ'লে তেওঁ কেনেদৰে চিকিৎসা

কৰিব।

সেইকাৰণে আমাৰ বাবে এইটো ঠিক হয় যে আমি আমাৰ গুৰু আৰু ডাক্টৰৰ সন্মুখত সকলো কথা সত্য কব লাগে।

সকলো সফল লোকে ডাঙৰ-ডাঙৰ সপোন দেখে আৰু সজাই আৰু তেওঁলোকৰ সেই সকলো সপোন তেওঁলোকৰ প্ৰত্যেক কাৰ্য আৰু চেষ্টাৰ পিছৰ শক্তি হৈ যায়। যি কাৰণে তেওঁলোকে নিজৰ বুজা-পৰাৰে নিৰ্ণয় লৈ এনে পৰিশ্ৰম কৰে যে সকলো সমস্যা আৰু বাধা দূৰ হৈ সফলতাপূৰ্বক নিজৰ লক্ষ্যলৈ গৈ পায়।

তীব্ৰ গতিত পৰিৱৰ্তন হোৱা অৱস্হা আৰু সময়ৰ কাৰণে সন্তানৰ পৰা দূৰত নহয়, ওচৰত থাকক। সন্তানৰ বাবে সদাই অলপ সময় উলিয়াওক। সপ্তাহ-পোন্ধৰ দিনত সন্তানক লৈ বাহিৰত ফুৰিব যাওক। সন্তানৰ লগত কেতিয়াবা ৰাহি খেলা-ধেমালী কৰক। মোৰ কোৱাৰ অৰ্থ হ'ল কেৱল ধন উপাৰ্জনতেই সময় নলগাব, কেতিয়াবা নিজৰ সন্তানৰ বাবেও সময় উলিয়াব।

মনত ৰাখিব, আপোনাৰ সকলোতকৈ ডাঙৰ পুঁজী আপোনাৰ সন্তান হয়। যদি আপোনাৰ সন্তান বেয়া পথত গৈ আছে, লাগিলে আপোনাৰ ওচৰত বহুত ধন থাকিলেও, সকলো বেকাৰ। আপোনাৰ পইচা কোনো কামত নাহিব, সেইকাৰণে আপোনাৰ সন্তানৰ বিশ্বাসক জয় কৰক আৰু তেওঁলোকৰ ভৱিষ্যত শুধৰোৱাত পৰ্যাপ্ত ধ্যান দিয়ক।

মানুহৰ চিন্তা-ধাৰা আৰু কাৰ্যনীতিক কেৱল আমি কথাৰে সলনি কৰিব নোৱাৰো। মানুহৰ চিন্তা-ধাৰা আৰু কাৰ্যনীতিক সলনি কৰিবৰ বাবে এইটো অতি আৱশ্যক হয় যে আমি এনে কাম কৰিব লাগে, যিটো দেখি মানুহে প্ৰভাৱিত হ'ব পাৰে। মানুহে সেইটো কৰে, যিটো দেখি তেওঁলোক প্ৰভাৱিত হয়।

অন্য লোকে আপোনাৰ অনুকৰণ কৰক, ইয়াৰ বাবে সদাই প্ৰভাৱশালী আৰু যোগাত্মক কাৰ্য কৰক।

সময় পৰিবৰ্তন হৈছে, ইয়াৰ লগতে শিশুৰ মানসিকতাও সলনি হৈছে। আজিৰ শিশুৱে পঢ়া-শুনাতকৈ অধিক দেখি শিকে। গতিকে আমি আমাৰ সন্তানক কথা কৈ শিকোৱাৰ চেষ্টা নকৰি, কৰি শিকাবলৈ চেষ্টা কৰিব লাগে। সত্য এইটো হয় যে আজিকালীৰ শিশু প্ৰয়োজনতকৈ অধিক বুজা-পৰা হৈ গৈছে। তেওঁলোকে আপুনি শিকালে নিশিকে, তেওঁলোকে কেৱল সেইটো শিকে যিটো দেখা পায়। শিশুক শিকাবৰ বাবে আমি এনে কাৰ্য কৰিব লাগে, যিটো দেখি তেওঁলোক প্ৰভাৱিত হয় আৰু তেনেকুৱা কৰাৰ ইচ্ছা পালি লয় অথবা তেনেকুৱা কৰিব ধৰে। যদি আমি আমাতকৈ ডাঙৰক আদৰ আৰু সন্মান কৰি ধৰিম, তেতিয়া শিশুও আমাক নিশ্চয় সন্মান কৰিব।

মনত ৰাখিব, শিশুৰ মগজু পলসুৱা মাটিৰ দৰে হয়, যাৰ যি কোনো ৰূপ দিব পাৰি।

মই সেই লোক সকলক বুদ্ধিমান বুলি ভাবো, যি নিজৰ শক্তিক সেই লক্ষ্যত নষ্ট নকৰে, যাৰ বাবে তেওঁলোক উপযুক্ত নহয় আৰু মই সেই লোক সকলক তেওঁলোকতকৈ অধিক বুদ্ধিমান বুলি ভাবো, সেই কাম বিলাকৰ ভিতৰত সৰ্বশ্ৰেষ্ঠ কামক বিচাৰে আৰু কামক বুজা-পৰাবে কৰে।

যদি আপুনি আপোনাৰ জীৱনত সফলতা পাব বিচাৰে, তেতিয়াহ'লে কোনো এনে ব্যক্তিৰ অনুসন্ধান কৰক, যি সফলতাৰ পথত আগবাঢ়ি গৈ আছে, তেওঁ যি কাম কৰি আছে, সেইটোক আপুনিও কৰিবলৈ আৰম্ভ কৰি দিয়ক। মনত ৰাখিব নকল কৰিবৰ বাবেও মগজুৰ আৱশ্যক হয়। তাৰ পিছত এইটো কামত মগজুৰ লগত কঠোৰ পৰিশ্ৰম, নিষ্ঠা আৰু লক্ষ্যক প্ৰতি সমৰ্পণৰ আৱশ্যক হয়। যদি আপুনি এই সকলো ক্ষমতা আপোনাৰ গাত আছে, তেতিয়াহ'লে সফলতা প্ৰাপ্তিৰ বাবে আজিৰ পৰা কাম কৰিবলৈ আৰম্ভ কৰক।

ভুল সকলোৱে কৰে। ভুল আমাৰ জীৱনৰ এক বিশেষ অংশ হয়, কিন্তু সফল লোকে সদাই নিজৰ ভুলক বিচাৰি উলিয়াই, সেই ভুলৰ কাৰণক জানিবলৈ চেষ্টা কৰে যে তেওঁলোকৰ ক'ত কেনেকৈ ভুল হৈছে, তাৰ পিছত সেই ভুল বিলাকৰ পৰা শিক্ষা লয় আৰু তাৰ পিছত ভুলক শুধৰাবৰ বাবে নিজৰ বুজা-পৰাৰে পৰিশ্ৰম কৰে।

বৃদ্ধ সকলক মই কওঁ যে সেৱা-নিবৃত্তি হোৱাৰ পিছত আপুনি এনেয়ে বহি নাথাকিব। ভাগৰি পৰি অথবা নিৰাশ হৈ বহি থাকিলে একো প্ৰাপ্ত নহ'ব। নিৰাশ, হতাশ আৰু নিজকে হাৰ মানিলে মনুষ্যৰ ভাগ্য ক্ৰোধিত হৈ যায় আৰু ভাল ব্যক্তি বিকলাংগ হৈ যায়।

পাহৰি নাযাব, পাহৰিলে আকৌ মনত পেলাওক, যে জীৱন জীয়াই থকাৰ নাম হয়। সেইকাৰণে আপুনি সেৱা-নিবৃত্তি কৰা লোকে সকলে নিজৰ তন-মনক কোনো ভাল আৰু সৎ কাৰ্যত লগাই ৰাখক। তাৰ পিছত দেখা পাব যে, জীৱনৰ আনন্দ কেইবা গুন বাঢ়ি যাব।

আমি সৰ্বপ্ৰথমে যি বস্তুক সলনি কৰিব লাগে, সেইটো আমি নিজেই হয়। যেতিয়া আমি এইটো জানি যাওঁ যে নিজকে সলনি কৰাটো বহুত কঠিন হয়, তেতিয়া আমি এইটো জানিব পাৰো যে আনক সলনি কৰা আৰু নিজৰ বিচাৰক মানুহৰ আগত ৰখাটো কিমান কঠিন হয়।

যদি আপোনাক আপোনাৰ স্বাস্থ্য বেয়া কৰিব লাগে, তেতিয়াহ'লে ইয়াৰ বাবে কোনো শত্ৰুৰ আৱশ্যক নহয়, কেৱল নিজকে খঙেৰে ভৰাই দিয়ক। ক্ৰোধে আপোনাৰ ৰক্তত ইমান বিকাৰ সৃষ্টি কৰিব যে আপোনাৰ ৰক্ত বিষাক্ত হৈ যাব। আপোনাৰ কথা কোৱা বিষাক্ত হৈ যাব, আপোনাৰ গতিবিধি বিষাক্ত হৈ যাব....আৰু এনে এদিনো আহিব, যেতিয়া আপোনাৰ জীৱন বিষাক্ত যেন লাগিব।

একজন ব্যক্তিয়ে প্ৰথমে সপোন চাই, তাৰ পিছত সজাই, তাৰ পিছত তেওঁৰ সেই সপোনক পূৰ্ণ কৰিবৰ বাবে লিডাৰ হৈ যায়। কিন্তু যি দিনা সেই লিডাৰে নিজৰ সপোনক পাহৰি যায়, সেই দিনা তেওঁ মানুহক নেতৃত্ব কৰাৰ নিজৰ সকলো ক্ষমতা হেৰুৱাই দিয়ে।

বহুতো কম লোক এনে আছে, যি সপোনক চাই আৰু নিজৰ সপোনক সজাই। তাৰ পিছত লাগিলে যিমান বাধা আহিলেও, তেওঁ পিছ হুহুকি নাযায় আৰু নিজৰ সেই সপোনক পূৰ্ণ কৰাৰ প্ৰত্যেক সম্ভৱ যত্ন তেতিয়ালৈকে কৰি থাকে, যেতিয়ালৈকে তেওঁৰ সপোন বাস্তৱত পৰিণত নহয়। অন্য ফালে অধিক তেওঁলোক হয়, যি কেৱল বাধা আৰু সমস্যাক চাই থাকে। পিছত সেই লোক সকল হেৰাই যায়, কিন্তু প্ৰথমৰ লোক সকলে ইতিহাস ৰচি দিয়ে।

'উইনাৰ্জ ট্ৰেক' প্ৰস্তুতি

সূৰ্য্য সিনহাৰ মানব প্ৰশিক্ষণ আৰু প্ৰেৰণা প্ৰদানকাৰী সংস্থা স্তুস্তুউইনাৰ্চ ট্ৰেকন্দন্দ সাত দিৱসীয়, পাঁচ দিৱসীয়, তিনি দিৱসীয়, দুই দিৱসীয় আৰু এক দিৱসীয় ৱৰ্কশ্বপ আৰু চেমিনাৰ নিম্নলিখিত বিষয়বিলাকৰ ওপৰত আয়োজিত কৰে ঃ

★ সফলতা প্ৰাপ্তি	(Gain Success)
★ ব্যক্তিত্ব বিকাশ	(Personality Development)
★ ভাষণ আৰু প্ৰস্তুতিকৰণ কলা	(Public Speaking Presentation Skill)
★ সম্ভাষণ কলা	(Communication Skill)
★ ধ্যান সাধনা আৰু মানসিক চাপ মুক্তি	(Meditation & Art of Relaxation)
★ ব্যৱহাৰ কুশলতা	(Relationship Mastery)
★ স্মৃতি বিকাশ	(Memory Development)
★ অধ্যয়ন টেকনিক	(Study Teachnology)
★ শিক্ষণ টেকনিক	(Teaching Technology)
★ সময় ব্যৱস্হাপনা	(Time Management)
★ লক্ষ্য নিৰ্ধাৰণ	(Goal Setting)
★ লিডাৰশ্বীপ	(Leadership)
★ ব্যৱসায় বিকাশ	(Business Development)
★ চেলচ প্ৰমোচন	(Sales Promotion)
★ ডি. টি. ডব্লিউ	(Distributors Training Workshop)

বুকিংৰ বাবে অৰ্ডাৰ ফৰ্ম

নাম...

ঠিকনা ....

....

ফোন.........................মবাইল ....

ইমেল..

ৱৰ্কশ্বপ / চেমিনাৰ ঃ ☐ সাত দিৱসীয় ☐ পাঁচ দিৱসীয়

☐ তিনি দিৱসীয় ☐ দুই দিৱসীয় ☐ এক দিৱসীয়

(যি ৱৰ্কশ্বপ - চেমিনাৰৰ বাচনি কৰিব, সেই বাকচত ✓ চিহ্ন লগাওক)

কৃপা কৰি দৃষ্টি দিয়ক

✓ সকলো ৱৰ্কশ্বপ - চেমিনাৰৰ প্ৰোফেচনেল ফিচ বেলেগ-বেলেগ।

✓ এটাতকৈ অধিক চেমিনাৰ / ৱৰ্কশ্বপ কৰালে পেকেজ ডিচকাউন্ট পোৱা যাব।

✓ উৰা জাহাজৰ ভাড়া আৰু লজিং-ফুডিং চাৰ্জ অতিৰিক্ত লাগিব।

✓ বাচনি কৰা ৱৰ্কশ্বপ - চেমিনাৰৰ বুকিং কৰিবৰ বাবে ফিচৰ 50 শতাংশ বেংক ড্ৰাফ্ট বা চেকেৰ মাধ্যমেৰে অগ্ৰিম দিয়াৰ আৱশ্যক।

উইনাৰ্জ ট্ৰেক

সূৰ্য্য সিনহাৰ কিতাপ আৰু কেচেট পাইকাৰীত কিনিবৰ বাবে অথবা ৱৰ্কশ্বপ - চেমিনাৰৰ ফিচ আৰু বুকিং-ৰ বাবে যোগাযোগ কৰক ঃ-

E-Mail : winnerztrack@gmail.com
Website : www.suryasinha.com
www.winnerztrack.com
www.authorsuryasinha.com

ফোন ঃ 09313632981, 09350527204

আমন্ত্ৰণ

যদি আপুনি আপোনাৰ পাৰ্চনেলিটি ডেভেলপ কৰিব বিচাৰে আৰু ব্যক্তিগত ৰূপেৰে লেখক, মানৱ প্ৰশিক্ষক আৰু প্ৰেৰক শ্ৰী সূৰ্য্য সিন্‌হাৰ 'পাৰ্চনেলিটি ডেভেলপমেন্ট প্ৰগ্ৰেম' এটেণ্ড কৰিব বিচাৰে তেতিয়াহ'লে আপুনি এইখন ৰেজিষ্ট্ৰেচন ফৰ্মক ফিল আপ কৰি পঠিয়াব পাৰে। আমি আমাৰ 'পাৰ্চনেলিটি ডেভেলপমেন্ট প্ৰগ্ৰেম' ত অংশ গ্ৰহণ কৰিবৰ বাবে আপোনাক ওচৰৰ চহৰত আমন্ত্ৰিত কৰিব পাৰিম।

ৰেজিষ্ট্ৰেচন ফৰ্ম

আবেদকৰ নাম ঃ ....

পিতা-পতিৰ নাম ঃ ....

মাতৃৰ নাম ঃ ....

বয়স ঃ ....বছৰ

লিংগ ঃ পুৰুষ ( ) স্ত্ৰী ( )

শৈক্ষণিক যোগ্যতা ঃ ....

আবেদকৰ ব্যৱসায় ঃ ....

ঘৰৰ ঠিকনা ঃ ....

....

....

ফোন নং ঃ ....

ম'বাইল নং ঃ ....

কাৰ্যালয়ৰ ঠিকনা ঃ ....

....

....

ফোন নং ....

স্থান ঃ............ ....

তাৰিখ ঃ.......... আবেদকৰ হস্তাক্ষৰ